레

스리나가르

쉼라

한디가르

델리

자이살메르

아그라

자이푸르

우다이푸르

간디나가르

보팔

뭄바이

하이데라바드

Arabian Sea

고아

파나지

뱅갈로드

마이소르

코치

께랄라

KB193742

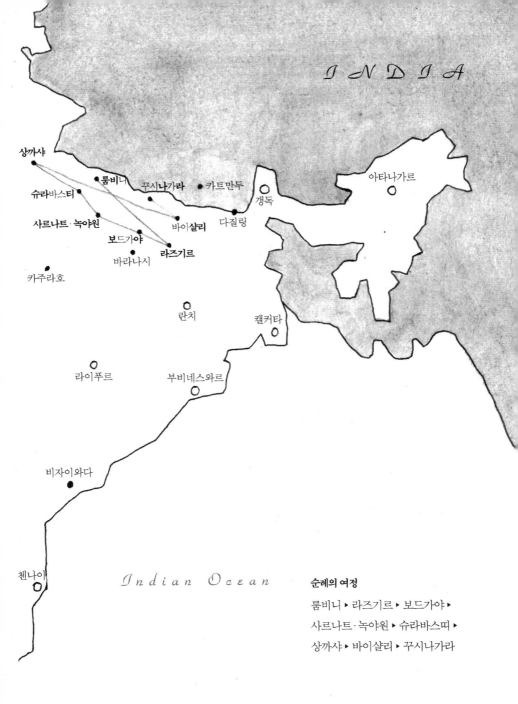

J N D I A

상까샤

룸비니

슈라바스티

꾸시나가라

카트만두

아타나가르

갱독

사르나트 · 녹야원

바이샬리

다질링

보드가야

라즈기르

바라나시

카주라호

란치

캘커타

라이푸르

부비네스와르

비자이와다

첸나이

J n d i a n   O c ε a n

순례의 여정

룸비니 ▸ 라즈기르 ▸ 보드가야 ▸
사르나트 · 녹야원 ▸ 슈라바스띠 ▸
상까샤 ▸ 바이샬리 ▸ 꾸시나가라

성지에서 쓴 편지

호진
지안 지음

붓다처럼
걸어간 1600리 길,
그 위에서 나눈
묵상

성지에서 쓴 편지

불광출판사

1년 동안 붓다의 자취를 찾아 인도 성지를 여행하는 동안 지안 스님과 주고받은 편지가 불교신문에 몇 번 연재되었다. 그것이 계기가 되어 귀국한 뒤 두 사람의 편지를 손질하고 보충해서 책으로 만들자는 제의를 받았다. 지안 스님과 나는 불교를 학문적으로 연구하는 사람들이지만 연구 분야와 방법이 다르다. 나는 초기 불교를 현대적인 방법으로, 지안 스님은 대승불교를 전통적인 방법으로 연구하고 있다. 그래서 같은 불교 연구자라 해도 붓다와 교리에 대한 관점이 다르다. 같은 주제를 가지고 다른 입장에서 쓴 내용을 한곳에 묶어 보는 것도 괜찮은 일이라고 생각했다.

막상 편지들을 손질해 원고를 만들고 보니 기대했던 것만큼 만족스럽지 못했다. 책을 위해 미리 계획했던 것도 아니었을뿐더러, 여러 성지에서 보고 느낀 것들을 그때그때 쓴 편지와 그것에 대한 답장을 정리한 것이어서 내용에 통일성이 부족했다. 간혹 몇몇 주제들에 치우치기도 했고 자신들의 관심사에 몰두한 부분도 있었다. 그럼에도 이 책을 관통하는 일관된 흐름을 이야기할 수 있다면, 그것은 역사적이고 인간적인 붓다에게 다가서기 위해 기울인 노력의 표현일 것이다.

이 책에서 보여주고자 한 '역사적이고 인간적인 붓다'의 모습은 일반적으로 생각하는 붓다와는 다르기 때문에 거부감을 가지는 사람들도 있었다. 당연한 반응이라고 생각한다. 그러나 사람들이 지금껏 그려 놓은 붓다의 모습은 이미 오래전에 시효時效가 소멸되고 말았다. 한 인간의 모습도 유년에서 노년으로 시기와 상황에 따라 달라지는 것처럼, 붓다의 모습도 시대와 사회의 변천에 따라 변하지 않을 수 없다. 그리고 이 변신은 오롯이 그 시대와 그 사회의 몫이다.

우리가 아무리 진지한 노력을 기울인다 해도 역사적으로 존재했던 붓다의 실제 모습은 찾아낼 수 없다. 이것은 분명한 사실이다. 다만 우리의 노력은 조금이라도 더 붓다 가까이 가 보려는 소망을 담은 작은 몸짓일 뿐이다. 2,500여 년 전 붓다의 모습을 되찾으려는 노력은, 단지 재현을 위해서가 아니라 현재와 미래를 위한 새로운 붓다상을 만들기 위해 필요한 것이다. 우리에게 중요한 것은 사라져 버린 과거가 아니라 살고 있고, 살아가야 할 현재와 미래이기 때문이다.

책이 나온 지 벌써 4년이 다 되었다. 그사이 책이 절판되었지만 때때로 책을 찾는 사람들이 있었다. 다시금 책을 출판하자는 제의를 받았을 때, 그 관심에 고마움을 느꼈다. 무엇보다 적은 수일지라도 우리 이야기에 귀 기울여 주는 사람이 불어난다는 것에 대한 기쁨이 있어 재출간을 하기로 결정했다. 불광출판사에 감사드린다.

2015년 1월 초, 기림사 동암 호진 합장

차례

일러두기

1 이 책에서는 인명, 지명, 경전
이름의 표기를 일반적인 용례에 따라
한자, 산스끄리뜨어, 빨리어 표기법을
섞어서 사용하였습니다.

2 지명의 경우, 문맥에 따라 현재
사용하는 지명과 옛 지명을 함께
사용하였습니다.

붓다의 길 앞에서

이제 나는,
길을 떠납니다
::

지안 스님, 이제 그곳에는 봄기운이 감돌기 시작하겠군요. 매화가
꽃망울을 터뜨리고 있겠지요. 진달래와 개나리가 산과 거리를 온
통 물들일 날도 얼마 남지 않았겠습니다. 눈앞에 한 폭의 아름다
운 그림이 떠오릅니다. 이곳은 20년 이래 가장 추운 날씨라고 합니
다. 그러나 그곳 기후와는 비교도 할 수 없습니다. 아침저녁으로 제
법 서늘하고 밤에는 스웨터까지 입어야 하지만 낮에는 우리나라
의 초여름 기온입니다. 본격적인 더위는 3월부터 시작되는데 4~5
월에는 40도를 넘나든답니다. 그 더위를 어떻게 견딜 수 있을지 기
대 반 두려움 반입니다.

지난 3개월 동안은 룸비니의 한국 절 대성석가사大聖釋迦寺 주지
스님의 배려로 잘 지내면서 아함경阿含經을 읽고 정리하는 데 거의
모든 시간을 보냈습니다. 지난번 편지로 알려 드린 대로입니다. 요즈
음도 거의 책상 앞에서만 시간을 보내고 있어 좀 답답합니다. 그러나
일주일만 지나면 지금 정리하고 있는 『사분율장四分律藏』도 끝이 납
니다. 그 이후부터는 여러 곳을 답사하려고 합니다.

지난 2월 1일에 룸비니Lumbini를 떠나 이곳 라즈기르옛 라자그리하, 王

舍城에 왔습니다. 1년 동안 읽을 책과 옷가지 등이 담긴 다섯 개의 크고 작은 가방을 혼자 힘으로 옮길 엄두가 나지 않아 택시를 대절했습니다. 덕분에 아주 쉽게 이사를 할 수 있었습니다. 3박 4일간 천 리(550km)가 넘는 먼 길을 이동하면서 총 9천 루삐Rupee, 우리 돈으로 약 22만 원의 비용이 들었습니다. 애초에 인도 여행을 준비하면서 큰 짐들은 출발하기 몇 달 전 미리 경주에서 배편으로 대성석가사로 보내놓았지만, 이제부터는 장소를 옮길 때마다 모든 짐들과 함께 움직여야 합니다. 이번 인도 여행을 계획할 때, 짐 문제가 가장 해결하기 어려운 일로 생각되었습니다. 도우미를 한 사람 데려갈까 하는 생각도 여러 번 했지만, 1년 동안 함께 여행할 사람도 없거니와 비용도 만만치 않을 것 같아 그렇게 하지 못했습니다. 다행히 룸비니에서 이곳 라즈기르까지 그리 많은 돈이 들지 않았기에 앞으로 있을 서너 번의 이동에 대해서는 걱정을 하지 않게 되었습니다.

　룸비니에서 라즈기르까지는 싯다르타Siddhartha가 출가할 때 통과한 길이었습니다. 나는 이 길을 따라가며 싯다르타가 출가 때 남긴 자취를 조금이나마 찾아보길 기대했지만, 그것은 무리한 일이었습니다. 2,500여 년 전, 도망치듯 집을 나와서 뚜렷한 목적지 없이 스승을 찾아 헤맨 히말라야 산골의 이름 없는 한 청년의 족적을 오늘날 무슨 수로 알 수 있겠습니까. 단지 한 곳, 싯다르타가 손수 머리를 깎았던 아누이미니국阿㝹夷彌尼國, Anomā이란 이름만이 떠올랐을 뿐인데, 그곳이 어디인지 모르는 데다가 계속 급하게 달리는 자동차 안에서 그런 생각에 몰두할 수는 없었습니다.

9월 하순이나 10월 초순, 안거를 끝낸 붓다Buddha가 아난다 Ānanda와 함께 라즈기르에서 북쪽으로 마지막 여행을 떠났습니다. 생각만으로 끝날지 모르겠지만, 나도 왕사성 영취봉에서 배낭 하나 둘러메고 붓다의 마지막 길을 그대로 걸어 볼까 합니다. 약 400km. 우리나라로 치면 서울에서 부산까지 거리인데 하루에 20km씩 걸을 수 있다면 대략 20일, 길어야 한 달이면 될 것입니다. 이 여행이 뜻 대로 이루어질 수 있다면 얼마나 좋겠습니까.

이에 앞서 6월 중순경에 좀 가까운 거리를 먼저 여행해 보려고 합니다. 보드가야Bodhgayā에서 사르나트Sarnath, 鹿野園까지 약 250km 를 2주에 걸쳐 돌아볼 생각입니다. 붓다가 했던 것처럼 '출가의 길', '초전법륜의 길', '열반의 길'을 나도 걸어서 여행했으면 합니다. 물론 '출가의 길'은 이미 할 수 없게 되어버렸고, 나머지 두 길도 책상 앞 에서 하는 공상으로 끝날지 모르지만 생각하는 것만으로도 즐겁습 니다.

이곳 라즈기르에서 내가 거처하고 있는 곳은 신왕사성新王舍城 유 적지 동쪽에 있는 벵갈 절Bengal Vihara입니다. 시의 동남쪽 변두리 에 위치한 이 절은 120~150명의 순례객을 수용할 수 있는 숙박 시 설을 갖추고 있습니다. 10년 전 방글라데시 출신의 한 스님이 창건했 다고 하는데, 지금은 40대 초반의 젊은 주지스님 한 분이 절을 맡아 관리 및 운영을 하고 있습니다. 절은 세 동의 건물로 이루어져 있는 데, 내가 거처하는 방은 3층 옥상에 있습니다. 창문을 열면 바로 앞에 영취봉 뒷산인 비뿔라Vipula 산, 남서쪽으로 약 2km 거리에 칠엽굴七葉窟이 있는 바이바라Vaibhara 산, 그 아래 죽림정사竹林精舍 유적지의 대나무 숲이 한눈에 들어옵니다. 영취산 곁에서 하루 종일 부처님의 행적과 말씀이 담긴 초기 경전을 읽고 있으면 마음 한구석에 기쁨이 맑은 샘물처럼 고입니다. 여행에 앞서 여러 가지 일들을 걱정하고 망설이기도 했지만, 지금은 참 잘한 일이라고 생각합니다. 내 인생 말기에 이와 같은 여행, 이와 같은 시간을 가질 수 있게 된 것에 만족하면서 기쁨과 보람을 느끼고 있습니다.

이곳 생활이 궁금하시겠지요. 두 달 동안의 숙식비로 500달러를 지불했습니다. 아침과 저녁 식사는 내 방에서 빵과 커피, 과일로 간단하게 해결하고 점심 식사는 아래층 식당에서 주지스님과 함께합니다. 그리고 2~3일에 한 번씩 10분 거리에 있는 시장에 빵과 과일을 사러 갑니다. 그곳은 옛날 우리나라 시골 장터를 떠올리게 합니다. 온갖 채소와 과일들, 상점들, 철물점, 옷가게, 어수선하고 시끌벅적한 거리 곳곳이 낯익은 정취를 자아냅니다.

이곳의 주요 교통수단은 당나귀들이 끄는 통가Tonga라는 마차와 자전거 뒤에 두 사람이 탈 수 있게 좌석을 설치한 릭샤Rickshaw입니다. 통가를 끄는 당나귀는 아스팔트 위로 달리면서 '달가닥 달가닥' 하고 경쾌한 발굽 소리를 내는데, 새벽마다 잠자리 속에서 그 소리를 듣곤 합니다. 여명을 통해 정적 속에 들려오는 낮은 소리는 나를 먼 과거의 어느 때로 돌아가게 합니다.

라즈기르는 2,500여 년 전의 대제국 마가다Magadha의 수도였던 고도古都 중의 고도이지만, 지금은 약 10만 명의 인구가 살고 있는 초라하고 가난한 시골 도시입니다. 1981년, 1992년, 1995년 세 번 이곳에 왔었지만 도시는 거의 변함없이 옛날 그대로의 모습을 유지하고 있습니다. 불교의 중심 교리인 무상無常의 원리가 이곳에서는 통하지 않나 봅니다.

원래는 라즈기르에서 3월 말까지 있을 예정이었지만, 바이바라 산 밑의 온천장과 절 근처의 호텔에서 일으키는 소음 때문에 계획보다 조금 일찍 떠나려고 합니다. 날이 밝기가 무섭게 확성기로 음악인지 기도 소리인지 모를 '소음'을 시끄럽게 만들어 냅니다.

　지안 스님. 두서없는 이야기들이었지만, 지금 내가 살고 있는 소식을 알려 드리고 싶었습니다. 환절기에 건강에 주의하시기 바랍니다. 호진 합장.

그 시절이
그립습니다

::

호진 스님, 보내 준 편지 잘 받았습니다. 스님 편지를 읽을 때마다 새삼 감동을 느낍니다. 부처님을 향한 지극한 마음 하나로 그 어려운 여정과 연구 일정을 감내하고 계신 스님이 존경스럽고 부럽습니다. 언제나 아름다운 모범을 보여주는 것 같아 내게도 새로운 신심이 일어납니다.

지난 편지에 라즈기르에서 보드가야로 옮긴다고 했는데, 이사는 잘 하셨습니까? 지금쯤 그곳은 살인적인 더위가 계속되고 있을 테지요. 에어컨은 없을 테고 선풍기라도 갖춰졌는지, 혹 부채로 지내고 있는 건 아닌지 염려됩니다. 지난번에 신수대장경新修大藏經에서 뽑아 보내 드린 『전법륜경轉法輪經』 한역본을 잘 받으셨다니 다행입니다. 스님이 이동하기 전에 받을 수 있도록 속달로 보냈던 것입니다.

작년에 출국하기 전, 스님이 출판을 의뢰해 놓았던 『아쇼까왕 비문』이 며칠 전에 출간되어 받아 보았습니다. 스님이 부탁한 대로 출판사에서 일일이 지인들에게 책을 보낸 모양입니다. 내 주위에 가끔 만나는 분들도 모두 책 잘 받았다고 감사해 하더군요. 지난주에 부산의 배 사장님과 김 작가님이 함께 반야암에 찾아와 스님 안부를 물었고, 어제는 동의대학교 박 교수님과 송 내과의 박 보살님이 와서 책 잘 받았다는 말을 전하면서 역시 스님 안부를 물었습니다. 마산의 김 교수님은 수시로 스님 안부를 물으면서 스님이 귀국하면 환영 법회를 열자고 했습니다. 벌써부터 『아쇼까왕 비문』 번역에 대한 서평이 나오고 있는데, 용어 하나하나를 꼼꼼하고 자세하게 설명했다고 다들 감탄하고 있습니다. 스님의 책 속에 투철한 학자 정신이 배어 있다는 칭찬도 들려옵니다.

나는 요즈음 왠지 답답해질 때가 더러 있습니다. 현재의 내 삶에 대한 아쉬움과 불만족으로 인해 가끔 자신이 서글프게 생각됩니다. 나이 들어 가는 무상감인지도 모르지요. 그럴 때마다 스님 편지를 읽고 많은 위안을 느낍니다. 좋은 선배의 글을 받아 읽는 것이 내겐 큰 즐거움입니다. 우리 대학원 스님들도 스님이 연구 일정을 마치고 귀국하면 특강을 해 주길 바라고 있습니다. 지난번에는 스님과 같이 학교에 계시던 이 교수님을 초빙해 유식唯識에 관한 특강을 들었습니다. 앞으로도 여러 분야의 명사들을 초빙해 강의를 들을 계획입니다. 강원 주위에서 책 보는 흉내를 내며 살아온 터에 열심히 경전을 보려는 스님들을 보면 반갑기 그지없습니다. 함께 공부하는 분위기 속에서 생활을 하고 싶던 첫 마음이 지금껏 그대로 유지되고 있음을 느낍니다.

　한때 스님이 장서를 보관할 조그만 집 한 채를 지어 놓고 같이 연구하며 살자고 했던 그 시절이 그립습니다. 스님처럼 좀 더 적극적으로 자신이 하고 싶은 일을 찾아 하지 못하는 점이 아쉽습니다. "인생에서 자신이 진정으로 하고 싶은 일을 하는 것보다 더 중요한 일은 없다."라던 카뮈의 말을 좀 더 깊이 음미하여 스스로를 채찍질해야 겠습니다.

이곳은 벌써 여름의 문턱을 넘어서는 유월이라 녹음이 우거져 짙은 그늘을 드리우고 있습니다. 짙푸른 산색을 바라보며, 자연의 신비를 느끼면서 자연으로 돌아가라던 루소의 말을 떠올려 봅니다. 사람이 모두 자연인으로 돌아가면 부처 되기가 쉬울 것 같은데 그게 그렇게 어려운 모양입니다. 내내 건강하시고 또 연락 기다리겠습니다. 지안 합장.

상상 속의 붓다

죽어도
죽지 못하는 자
::

지안 스님, 라즈기르를 떠나 보드가야에 온 지도 어느덧 2개월이
되었습니다. 지금 머물고 있는 곳은 보드가야의 미얀마 절입니다.
내 방이 있는 4층 건물의 베란다 동쪽 편 바로 아래로 나이란자나
Nairañjanā, 尼蓮禪河 강이 내려다보입니다. 지금은 건기乾期이기 때문
에 강이라기보다는 넓은 모래밭입니다. 그 위로 길게 놓인 다리가 끝
나는 곳이 수자따Sujata 마을입니다. 고행을 포기한 싯다르타에게 우
유죽을 공양한 여인이 살았던 곳입니다. 미얀마 절에서 그곳까지는
약 1km쯤 됩니다. 마을 한가운데에는 수자따의 공덕을 기리기 위해
그녀의 집터에 건립했다는 거대한 탑 유적이 있습니다. 이 마을에서
남쪽으로 논밭을 가로질러 약 500m쯤 걸어가면 벌판 복판에 수자
따 사당이 있는데, 규모가 큰 힌두교 사당과 담장을 함께한 작은 건
물입니다. 오랜 고행으로 피골이 상접한 싯다르타에게 수자따가 우
유죽을 올리는 소박한 상像이 모셔져 있습니다.

계속해서 남쪽으로 논밭을 가로질러 내려가면 모래밭 위로 키가
큰 야자수들이 무성하게 서 있고 그 한쪽에 힌두교 사당이 있습니
다. 바로 뒤에 큰 보리수 한 그루가 서 있는데, 그 나무 밑에서 싯다르
타가 고행을 했다고 합니다. 아무런 유적도 없고 확인되지도 않은 곳

입니다. 우유죽을 공양 받은 곳으로 되돌아 나와 서쪽으로 논밭을 가로지르고, 제법 큰 마을의 골목길을 꼬불꼬불 걸어나가면 나이란 자나 강 언덕에 이릅니다. 물이 없는 강의 모래밭 위로 500m나 걸으려면 제법 힘이 듭니다. 강을 건너 서쪽으로 약 300m 거리에 싯다르타가 정각正覺을 성취한 보리수가 있습니다. 이 나무를 중심으로 보드가야가 펼쳐져 있습니다.

나는 때때로 싯다르타가 걸었을 길과 장소인 고행림苦行林과 나이란자나 강변을 걷기도 하고, 보리수 밑에서 여러 가지 일들을 생각하면서 시간을 보냅니다. 이 여러 장소들은 2,500여 년 전 싯다르타가 수행을 하고 정각을 이루었던 곳이며, 첫 설법을 하기 위해 사르나트로 떠났던 곳입니다. 싯다르타는 다시 이곳 강변으로 되돌아와 까샤빠 3형제와 그들의 추종자 1,000명을 귀의시킨 뒤에 그들과 함께 마가다국의 빔비사라 왕을 만나러 라자그리하王舍城를 향해 떠났습니다. 왕은 많은 사람들과 함께 불교에 귀의했고 성城 근처의 쾌적한 죽림竹林에 큰 절을 지어 붓다와 승가에 기증했었지요. 불교는 이렇게 해서 시작되었습니다.

지안 스님, 내가 초기 불교를 연구하기 시작한 것이 벌써 30년이 되었습니다. 그동안 나는 역사적인 붓다의 모습을 추구하는 데 골몰해 왔습니다. 그러나 좀 더 깊이 알려고 하면 할수록 더욱더 알 수 없게 되고 맙니다. 지금 내가 할 수 있는 말은 "부처님, 당신은 도대체 누구십니까?"라는 한마디입니다. 모든 것을 현장에서 다시 생각해 보고 싶어 '붓다의 땅'으로 왔습니다. 지난 몇 달 동안 초기 경전인 아함경과 『사분율장』을 다시 한 번 꼼꼼하게 읽으면서 붓다에 대한 여러 가지 일들을 생각했습니다.

우리는 이 불전들이 가장 초기의 문헌이라고 생각하고 있지만 후기 내용들이 적지 않게 포함되어 있다는 것을 알 수 있습니다. 구체적인 예를 들면 불상의 기원에 관한 것과 같은 것입니다. 붓다가 도를 이루고 나서 얼마 후에, 돌아가신 어머니께 법을 설하기 위해 도리천으로 올라가 3개월간 머물렀습니다. 그 사이 꼬삼비국의 우데나 Udena 왕과 꼬살라국의 쁘라세나짓Prasenajit 왕이 붓다를 너무 사모해 병이 날 지경이 되었으므로 각각 조각가를 시켜 불상을 만들게 했다는 것입니다. 이 내용은 증일아함경(28권 36-5)에 자세하게 나옵니다.

그러나 불상이 최초로 만들어진 것은 기원후 2세기, 적어도 붓다가 돌아가신 뒤 600년 후의 일입니다. 그 장소도 꼬삼비와 꼬살라가 아니라 그곳에서 서북쪽으로 수천 리 떨어진 간다라였다는 것은, 이제 누구나 다 아는 사실 아닙니까. 이와 비슷한 내용들, 즉 후기에 발생한 일들이 초기 경전인 아함경과 여러 율장들의 여기저기에 흩어져 포함되어 있습니다. 아함경과 율장이 붓다의 말씀 그대로를 녹음해 놓다시피 했다가 어느 때 문자로 출판된 문서라고 착각하는 사람들이 적지 않지만, '신심'을 가장한 그와 같은 무지는 이제 더 이상 통하지 않게 되었습니다.

이것보다 더 의외의 사실도 있습니다. 우리가 너무도 당연하게 생

각하는 사실, 즉 붓다의 본명인 '싯다르타'라는 이름조차 초기 경전
에서는 찾아볼 수 없다는 것입니다. 처음으로 이 이름이 불교 문헌
에 등장하는 것은, 붓다의 탄생으로부터 적어도 600~700년 후(기
원후 1~2세기)에 생존했던 마명馬鳴, Aśvaghoṣa이 지은 『불소행찬佛所
行讚, Buddhacarita』에서라고 합니다.[1] 이 책은 최초로 완성된 붓다의
전기입니다. 싯다르타라는 말이 '목적을 달성한 사람'을 의미한다는
것은 목적을 달성한 사실, 즉 '도道를 성취한 사실'을 알고 있었던 후
세 사람이 붙인 이름이 아닐까요.

또 한 가지, 우리는 '고따마Gotama'가 붓다의 가족성이라고 알고
있습니다. 그러나 어느 날 나는 그렇지 않은 것 같다는 생각을 하게
되었습니다. 고따마가 싯다르타의 가족성이라면 아버지인 숫도다나
도 '고따마 숫도다나'이어야 할 것이고, 친아들인 라홀라, 이복동생인
난다, 4촌 동생들인 아난다와 데바닷따의 이름에도 모두 고따마라
는 성이 붙었어야 할 것입니다. 그러나 지금까지 그들에게 고따마라
는 가족성을 붙여 부른 경우를 한 번도 본 일이 없습니다.

뒷날 싯다르타가 정각을 성취한 뒤 첫 설법을 하기 위해 사르나
트로 가서 다섯 명의 도반들을 만났을 때도, 그들은 평소에 했던 것
처럼 그를 '벗' 또는 '고따마'라고 불렀습니다. 그러자 싯다르타는 자
신이 정각을 이루어 붓다가 되었으니 더는 '벗'이라거나 '고따마'라
는 이름으로 부르지 말도록 했습니다.[2] 이후 제자들과 그에게 귀의
한 신도들은 그를 '세존世尊' 또는 '여래如來' 등의 존칭으로 불렀지만
다른 사람들은 항상 '고따마'라고 불렀습니다. 이와 같은 사실은 초

기 경전과 율장의 많은 곳에서 볼 수 있습니다. 그래서 '고따마'라는 이름이 가족성이 아니라 붓다의 개인 이름일 수 있다는 생각을 하게 된 것입니다.

이것은 우리가 붓다의 본명조차 확실하게 모르고 있다는 것을 의미합니다. 싯다르타 부인의 경우도 비슷합니다. 초기 경전에는 야쇼다라Yaśodharā, 耶輸陀羅 외에 고삐Gopī, Gopikā, 喬比迦, 므리가자 Mṛgajā, 鹿王라는 두 가지 다른 이름이 나옵니다.[3] 수백 년 동안 완성 된 붓다전佛陀傳 없이 지내다가 본격적인 붓다 전기를 써야 할 필요를 느꼈을 때, '라훌라 어머니羅睺羅母'[4]의 이름을 알고 있던 사람은 아무도 없었다는 것입니다. 그래서 붓다 전기 작가들은 자신들이 편리한 대로 여러 가지로 이름을 지었을 것입니다. 이것은 현대 학자들이 하는 말인데 그럴듯하지 않습니까. 후대에 와서 세 가지 다른 이름이 문제가 되자, 그 가운데 두 명의 여인을 싯다르타 태자의 '후궁'으로 처리해 버린 것이 아닐까요. 실제로 후궁들이 있었다면 그들에게서 태어난 자식들도 있었을 것인데, 붓다 전기의 어디에서도 이 일을 언급한 곳을 보지 못했습니다. 게다가 아버지 숫도 다나 왕조차 후궁이 없었는데 서른 살도 되지 않았던 싯다르타가 두 명의 후궁을 둘 수 있었을까요. 후궁들에 대한 뒷이야기는 전혀 찾아볼 수 없습니다.

지안 스님, 2,500여 년 전 바로 저 강 건너편에서 인생의 근본 문제를 풀기 위해 고뇌했던 청년, 그리고 어느 날 삡팔라Pipphala, 菩提樹

나무 밑에서 그 실마리를 풀어 환희 작약했을 싯다르타는, 그 나무에서 불과 1km쯤 떨어진 미얀마 절의 한 작은 방에서 고민하고 있는 지금의 저와 같은 실존 인물이 아니었겠습니까. 그런데 그는 자신의 뜻과 상관없이 너무나 비역사적인 인물이 되어버렸습니다. 그는 발바닥에 물을 묻히지 않고 나이란자나 강물 위를 걸었고, 힘센 장정이 팔을 굽혔다 펴는 사이 드넓은 갠지스 강을 날아서 건너기도 했습니다. 심지어 도리천忉利天이라는 하늘에 올라가 30년 전에 돌아가신 어머니께 세 달 동안 설법을 했다고 합니다.[5] 어떻게 그런 일이 가능했겠습니까. 존재의 보편적인 원리인 연기법緣起法을 이해했다는 것만으로 보통의 인간이 일시에 초자연적인 존재가 되었다는 사실을 스님은 받아들일 수 있습니까. 뉴턴과 아인슈타인 역시 존재의 원리를 깨달았는데 왜 그들은 싯다르타처럼 그런 초인적인 능력을 갖지 못했습니까. 똑같이 존재의 원리를 깨달았어도 2,500여 년 전 인도의 갠지스 강변에서는 그런 일이 가능했지만, 근대나 현대의 영국이나 미국에서는 불가능하다고 말할 수 있을까요.

고따마 싯다르타가 지금 우리 앞에 나타난다면, 그동안 우리가 괴상하게 만들어 놓은 자신의 모습을 보고 아연실색할지도 모릅니다. 달라이라마Dalai Lama 14세 존자가 자신을 관세음보살의 화신으로 생각하는 사람들에게, 앞에 놓인 컵 속의 물을 마셔 보이며 "내가 관세음보살의 화신이라면 어떻게 목이 마를 수 있겠는가."라고 했다는 이야기를 들은 적이 있습니다. 자신이 관세음보살로 모셔지는 것을 거부하는 달라이라마 존자처럼 싯다르타도 오늘날 신격화되어 '

우스꽝스럽게 망가진' 자신의 모습을 보면 틀림없이 그것을 그대로 용인하지는 않을 것이라 생각합니다.

몇 년 전 어떤 책에서 "진실의 적은 거짓이 아니라 신화다."라는 말을 발견했습니다. 이 문장을 읽었을 때 무릎이라도 칠 만큼 기뻤습니다. 당장 그 말을 연구 노트 첫 페이지에 큼직하게 써 놓았습니다. "역사적인 부처님의 참모습을 보기 위해서는 신화와 전설을 제거해야 한다. 그렇다. 나의 공격 목표는 신화와 전설이다."라고 생각하게 되었습니다. 신격화와 전설이 싯다르타라는 역사적인 인물을 죽이고 있는 주범이라는 생각이 들었습니다. 어느 한때는 우리에게 그런 요소들, 그런 표현 방법들이 필요했을 것입니다. 그러나 지금은 그와 같은 것들이 싯다르타를 역사적으로 존재하게 하는 데 가장 큰 걸림돌이 되고 있습니다.

우리는 누구를 위해서, 무엇을 위해서 본질적인 것에 손상을 당하면서까지 그런 허상들을 지키고 보호해야 합니까. 지난날 필요에 의해 실제로 있지 않았던 이야기들을 꾸며 내었는데, 지금에 와서 왜 이것들을 제거할 수 없다는 것입니까. 아이들에게는 동화가 필요하지만 성인들에게는 그들에게 맞는 이야기가 필요합니다. 2,500여 년 전과 비교해서 우리는 많은 것이 변한 시대에 살고 있습니다. 기적 이야기와 전설이 필요하다면 우리가 받아들일 수 있는 현대적인 내용으로 재생산해야 한다고 생각합니다.

나는 나름대로 붓다의 전기를 쓰기로 계획하면서 제일 먼저 세 가지 기준을 만들었습니다. (1) 우리가 받아들일 수 있는 모습의 부

처님, (2) 정상적인 한 인간으로서의 부처님, (3) 신화와 기적 같은 것
이 완전히 제거된 모습의 부처님. 이와 같은 설정은 전혀 무리한 일
이 아니라고 생각합니다. 달라이라마 존자는 이 세 가지를 충족시키
는 존재이면서 현재 전 세계적으로 가장 존경받고 영향력 있는 인물
입니다. 고따마 싯다르타는 왜 이렇게 될 수 없겠습니까.

지안 스님, 이야기를 하다 보니 다소 흥분해서 멈추기가 어려웠는데
이 편지를 읽는 스님은 많이 지루하셨으리라 생각합니다. 이제 와서
죄송하다는 말을 전할 수는 없겠지요. 이곳은 매일 40도를 오르내
리는 준準살인적인 상황인데, 그곳은 꽃보다 더 아름답고 화사한 신
록이 분위기를 잡고 있겠지요. 호진 합장.

종교에
중독되지 말 것
::

호진 스님, 보내 준 편지는 여러 번 반복해 읽었습니다. 깊이 음미해 봐야 할 말이 있었고, 스님이 주장하는 강한 메시지가 들어 있는 것 같아 상당히 긴장된 마음이 되었습니다. 역사적 부처님의 실체를 바로 알고 싶다는 스님의 생각에는 굳은 결의가 있는 것 같았습니다. 사실 부처님의 제자라면 누구나 이 문제를 깊이 생각해 보아야 한다고 여겨집니다.

초기 불교를 연구해 온 스님이 부처님의 원형을 복원해 보고 싶은 것은 당연하겠지요. 그리고 역사적인 부처님의 참모습을 보기 위해서는 신화와 전설을 제거해야 한다는 스님의 주장에 나도 동감합니다. 왜냐하면 신화와 전설에 잘못 도취되면 종교에 중독될 우려가 있기 때문입니다. 자칫 종교의 창시자들은 필요 이상으로 우상화되거나 신격화되는 과정을 거치는 듯합니다. 이는 특정 종교의 교단이 형성되고부터 교조敎祖 찬양주의에 빠진 신자들의 맹목적 충성심 때문이 아닌가 생각합니다. 이 맹목적 충성심이 신심이라는 미명으로 합리화됨으로써 교조의 순수하고 소박한 모습이 점차 윤색되고 변질되어 비실존적 모습으로 바뀌어 버린 결과라고 생각됩니다. 그리하여 종교들은 역사적 진실 탐구보다는 온갖 미사여구로 수식된

29

허구의 이야기를 만들어 종교 선전에 열을 올렸을 것입니다. 여기에 다분히 이기적이고 기만적인 태도가 인간의 감정을 자극하면서 반이성적으로 흘렀을 수도 있을 것입니다.

나는 종교도 중독성이 있다고 생각합니다. 적어도 건전한 종교인은 자기가 믿는 종교라 해서 맹목적 믿음에 빠져 인간성이 유린되는 중독 증세를 보여서는 안 된다고 생각합니다. 그러기 위해서는 교법을 진정으로 이해하고, 이로써 인간 현실에 대한 충분한 이해가 뒷받침되어야 한다고 봅니다.

그동안 나는 불교를 공부하면서 너무 불교에만 치중하여 보편적으로 타당한 객관적 가치 의식을 왜곡하거나 무시하게 될까 봐 조심해 왔다고 말할 수 있습니다. 불교가 불교적이기 위해서는 순수한 인간 정신으로 돌아가야 한다고 생각합니다. 이러한 내 생각으로 볼 때, 스님의 연구 목적은 부처님에 대한 새로운 조명을 통해 불교의 본래 모습을 되찾자는 뜻으로 이해됩니다. 스님이 원하는 소기의 목적이 잘 이루어져 부처님에 대한 올바른 이해가 여러 사람들의 가슴에 전해졌으면 합니다.

스님의 글을 읽으면 오늘날 우리 불교가 반성해야 할 점들이 드러나는 것 같습니다. 오랜 역사와 전통을 자랑하는 우리 불교가 부처님의 참모습에 대해 여러 측면에서 무지하지 않았나 하는 점입니다. 세습적이고 도식적으로 설명해 온 부처님의 모습들이 과연 진정한 부처님의 모습이었는지, 아울러 그것을 통해 부처님 참 정신이 사람들의 가슴에 투영될 수 있었는지 하는 점들 말이지요. 스님의 글은 이런 점을 놓고 반성해 보자는 이야기로 들리고, 진부한 타성에 젖어가는 불교에 경종을 울리는 메시지로 읽힙니다. 이 글을 읽고 미래 지향적인 관점에서 불교 공부에 대한 새로운 각성이 일어났으면 하는 마음입니다. 불교가 언제까지나 과거 의존적인 골동품적 가치만을 주장할 수는 없을 것입니다.

오늘날의 종교는 상업주의에 편승하여 겉치레와 생색내기에 몰두하고 있지 않은지 반성해야 되리란 생각도 들었습니다. 더욱이 수행을 표방하는 불교가 부처님의 출가 정신을 상실한 채 개인의 공명을 도모하면서 공리적 입지만을 강화하고, 그것이 교화영역의 확장인 양 생각하는 것은 잘못이라고 봅니다.

불교의 깨달음이란 그릇된 생각에서 벗어나는 것입니다. 신앙이나 수행의 도중에 있어서 헛된 관념에 사로잡혀 자신도 모르게 생각을 잘못 가지는 경우도 있을 것입니다. 문제는 이런 그릇된 생각을 성찰해서 반성하지 않고 옳다고 우기는 것입니다. 이것이야말로 철저한 어리석음이자 미혹이라 할 수 있지요. 그래서 "정인正人이 사법邪法을 설하면 사법이 정법이 되지만 사인邪人이 정법正法을 설하면 정법이 사법이 된다."라는 말이 나왔겠지요. 나는 불교에 대한 스님의 순수한 애정을 존경합니다. 그래서 스님이 지금 하고 있는 역할이 매우 중요하다고 생각합니다.

흔히 말법末法의 운수를 탓하기도 하지만, 그럴수록 창의적인 안목으로 미래를 위한 불교의 새로운 돌파구를 찾아야 할 것입니다.

라즈니쉬의 말처럼 종교가 잘못되면 위조지폐가 되고 마는 것이겠지요. 더욱 불행한 것은 돈을 쓰는 이들이 모르기 때문에 이 위조지폐가 버젓이 통용된다는 사실입니다.

연전에 읽었던 글이 기억납니다. 리차드 도킨스의 『만들어진 신』이란 책이었는데 충격을 주는 내용이 있더군요. 종교 없는 사회가 더 희망이 있는 사회일지 모른다는 저자의 말이었습니다. 책의 맨 앞장에서 "누군가 개인이 망상에 시달리면 정신 이상이라 하면서 다수가 망상에 시달리면 종교라고 한다."라는 로버트 퍼시그의 말을 인용한 걸 보았습니다. 종교가 사회의 빛이 되지 못하고 먹구름이 되는 것을 비판한 말인 것 같았습니다.

스님의 요즈음 생활이 부처님의 자취를 더듬는 고행이겠지만 편지에는 매우 낭만적이고 유유자적한 분위기가 느껴집니다. 항상 건강에 유의하시고 연구 일정에 차질이 없기를 바랍니다. 지안 합장.

성지에서 맞은 성도절

쓸쓸함만이
감도는 땅
::

지안 스님, 아시다시피 인도는 남방불교 전통에서처럼 부처님의 성
도와 열반, 그리고 탄생을 같은 날이라고 생각합니다. 올해 이곳 성
도절은 5월 19일이었습니다. 나는 이번 성도절을 싯다르타가 성도한
바로 그 보리수 밑에서 맞이하게 되었다는 사실에 큰 의미를 두었습
니다. 그래서 나름대로 작은 행사를 했습니다. 17일 아침 일찍 생수
세 병, 그리고 몇 개의 비스킷과 과일을 넣은 배낭을 메고 혼자 숙소
를 나섰습니다. 싯다르타가 수행했던 장소들을 다시 찾기 위해서였
습니다. 수자따 마을, 우유죽을 공양 받은 곳, 고행림을 찾았습니다.

동북쪽에 위치한 전정각산은 낙타의 굽은 등과 같이 생겼습니다.
드문드문 서 있는 몇 그루의 야자수, 더위와 가뭄에 찌들 대로 찌든
키 작은 얼마간의 잡목을 제외하고는 온통 바위로 이루어져 있었습
니다. 12시에서 1시 사이의 온도는 햇볕 아래서는 50도에 육박했고,
그늘진 곳도 40도를 웃돌았습니다. 길도 없는 가파르고 험한 비탈을
갈 지之 자로 걸어 700걸음, 직선으로는 400~500걸음쯤 될까요. 낮
은 산이지만 더위 때문에 정상까지는 무척 힘이 들었습니다. 흔한 야
자수 한 그루 찾아볼 수 없는 바위산이었기 때문에 햇볕을 온몸으
로 받아야 했습니다. 산꼭대기에서 둘러보는 사방은 한마디로 광막

하다는 표현 그대로였습니다.

보드가야 주변에는 전정각산과 강 건너편 서북쪽에 있는 상두산을 제외하고 산이라고는 없었습니다. 타는 듯한 한낮의 열기 속에서 모든 것은 정지되어 버린 것처럼 조용하고, 땅에서 솟아오르는 열기 때문인지 먼 곳은 안개가 낀 것처럼 흐릿했습니다. 서북쪽으로 모하나 강과 나이란자나 강이 합류하는 곳에는 넓은 모래밭이 펼쳐져 있었습니다. 서남쪽에 위치하고 있는 대보리사는 보일 듯 말 듯했고 좀 더 가까이로는 수자따 마을과 고행림이 한눈에 내려다보였습니다.

싯다르타는 지금으로부터 2,597(열반 후 2552+교화 기간 45)년 전 이 날쯤 내가 앉아 있는 이곳 어디쯤에서 무엇을 생각했을까요. 고행에 대한 회의가 아니었을까요. 뒷날 제자들에게 고백했듯이 그는 고행 또한 쾌락적인 생활과 마찬가지로 잘못된 수행 방법이라는 것을 알게 되었습니다. 고행으로 보낸 짧지 않았던 세월이 완전히 무위로 돌아갔다면 당장 앞으로 어떻게 해야 할 것인가? 자신이 가야 할 길에 대해서 의논할 사람도, 지도를 받아야 할 스승도, 도움이 될 경전 같은 것도 없었습니다. 동고동락했던 도반들조차 모두 떠나버렸습니다. 미래에 대한 어떤 뚜렷한 계획도 없었을 것입니다. 막막한 심정이 아니었을까요. 그때 싯다르타의 나이는 겨우 35살, 그는 맨몸으로 무작정 집을 뛰쳐나온 이방의 한 청년에 불과했습니다.

집을 떠난 지 6년, 사실 그렇게 길지 않은 세월이긴 했지만 그는 그동안의 수행을 모두 접어버리고 새로운 각오와 방법으로 다시 시작하기로 했습니다. 그래서 바로 얼마 전에 올라갔던 그 산을 내려갔던 것 아니었겠습니까. 벌판을 가로지르고 다시 모하나 강을 건너 고행림 근처에서 나이란자나 강을 통과했을 것입니다. 그러고는 강변에서 멀지 않은 곳에 있던 큰 나무 밑으로 갔습니다. 산 정상에서 내려다보니 싯다르타가 걸어갔을 길이 그냥 한눈에 또렷하게 들어왔습니다. 그가 새로운 수행 장소로 자리 잡은 그 나무까지는 약 5km의 거리. 싯다르타는 근처에서 풀을 베고 있던 사람에게 얻은 한 묶음의 길상초吉祥草를 나무 밑에 깔고 앉았습니다. 그로부터 며칠 지나지 않아 정각을 이루게 되었지요.

지안 스님, 나는 경전에 나오는 것처럼 싯다르타가 과거의 많은 생에 걸쳐 수행을 했기 때문에 이번 생에 정각을 이루게 예정되어 있었고, 어려움에 처할 때마다 범천이니 제석천이니 하는 천신들의 도움을 받을 수 있었던 존재라고 생각할 수 없습니다. 고뇌하고 회의하고 방황하고 갈등하면서도 포기하지 않고 다시 도전했을 한 인간으로 이해하려고 합니다.[6]

성도절 전날인 18일 저녁. 우리나라의 성도절처럼 밤을 꼬박 새우면서 법문과 정근, 좌선을 하거나 이와 비슷한 행사가 있을 것이라 생각했었지만 그런 일은 없었습니다. 나는 이날을 싯다르타의 성도에다 초점을 맞추어 생각했는데, 이곳 사람들은 탄생의 날로 생각하고 있었습니다. 탄생, 성도, 열반을 같은 날이라고 하면서도 실제 사람들의 머릿속에는 '탄생의 날'만이 자리 잡고 있는 것 같았습니다.

'Buddha Jayanty Celebration 붓다 탄생 봉축'이라는 명칭에서도 그 것이 나타나고 있었습니다.

19일에는 새벽 3시에 일어나 준비를 한 뒤에 5시 전에 숙소를 나 섰습니다. 아직 어둠이 채 가시지 않은 길을 따라 스님들과 신도들 이 행렬을 지어 대보리사로 향해 가고 있었습니다. 대보리사 입구의 광장에는 그 전날 먼 곳에서 온 많은 사람들이 천막 같은 것도 치지 않은 채 노천에서 그때까지 잠을 자고 있거나, 일어나서 침구를 정 리하고 몸단장을 하느라 붐볐습니다. 나는 법당의 불상 바로 앞에까 지 다가가서 3배를 올렸습니다. 부처님의 환한 모습은 다른 날보다 더 빛나 보였습니다.

이곳 신도들은 며칠마다 한 번씩 부처님께 아름다운 새 가사를 입혀 드립니다. 틀림없이 그 전날 저녁이나 그날 새벽에도 새 가사를 입혀 드렸을 것입니다. 지안 스님도 몇 번이나 이곳에 와서 참배했으 니 잘 아시겠지만 이곳 부처님상은 30대 청년의 모습입니다. 지나치 게 엄숙하지도 않고 오랫동안의 고행으로 인해 육체적으로 피폐된 모습도 아닙니다. 건강하고 밝습니다. 큰 두 눈엔 보일 듯 말 듯한 미 소가 담겨 있고 그 미소 속에는 자비로움이 내비칩니다.

부처님 오신 날이라고 해도 대보리사의 경내에는 우리나라와는 달리 연등도 없었고 낭랑한 염불소리로 축제 분위기를 띄우지도 않 았습니다. 별다른 장식이나 설치물도 없었습니다. 정원 손질도, 잔디 손질도, 이날을 위해 특별히 하지 않았습니다. 단지 '2552(2008년) Buddha Jayanty Celebration'이라는 현수막이 하나 설치되어 있을 뿐이었습니다. 바깥의 광장에도 아치문 하나와 사방으로 걸린 작은 불교 기旗들뿐이었습니다. 보리수 아래 또는 그 주위에서는 몇 그룹의 신도들이 함께 온 스님들과 나름대로 조용히 법회와 봉축의식을 하고 있고 있었습니다. 공식적인 행사장은 보리수 밑 담장 바깥의 넓은 장소였습니다. 사람들이 땅 바닥에 두꺼운 방석을 깔고 그 위에 흰 천을 씌우고 있었습니다. 경내 이곳저곳을 기웃거려 보았으나 아직도 행사 시간이 되려면 한참 동안 기다려야 할 것 같았습니다.

숙소로 돌아왔다가 8시 30분에 다시 대보리사로 갔습니다. 보리수 아래 행사장의 북쪽 편에는 어림짐작으로 300~400명의 스님들이 자리 잡고 나머지 공간은 신도들이 차지하고 있었습니다. 참석자 수는 생각보다 적었습니다. 특히 티베트 승려나 신도들은 거의 보이지 않았습니다. 남방불교국 승려와 신도들도 드물게 보일 뿐이었습니다. 서쪽으로 뻗은 보리수의 큰 가지 아래에 놓인 탁자 앞에서 40대 후반의 남자가 마이크를 잡고 봉축 인사인지 행사 진행에 대한 내용인지를 한참 동안 이야기했습니다. 물론 힌디어였겠지요. 내빈석 같은 것은 없었습니다. 마이크를 얹어 놓은 탁자 하나뿐이었습니다. 사회자가 호명을 하면 한 사람씩 탁자 앞으로 나가 축사와 법문을 했고, 청중들은 맥 빠진 박수를 쳤습니다. 연사들의 동작과 청중들의 반응은 거의 똑같았습니다. 얼마 후에 청중석은 어수선해지기 시작했습니다. 자리를 떠나는 사람들, 일행과 마음 편하게 마주 앉아 한담을 나누는 사람들, 조는 사람들, 이리저리 뛰어다니는 아이들. 연사들은 자신들의 말을 들어 주건 말건 식순에 따라 말을 하고 있었습니다. 10여 명이 넘는 법사 또는 연사들은 모두 신도들이거나 기관장들인 것 같았습니다. 승복을 입은 사람은 없었습니다. 10시 무렵 사회자가 "이것으로 봉축식을 마치겠습니다."라는 내용인 듯한 말을 하자, 역시나 힘없는 박수 소리와 함께 다들 자리에서 일어났습니다. 사홍서원이나 독경, 합창 같은 것은 없었습니다. 정말 허탈한 행사였습니다. 탄생, 정각, 열반 등 부처님과 관계있는 가장 큰 사건들이 겹친 이 행사는 준비도 내용도 없어 보였습니다. 봉축식에 참석한 사람들은 작은 감자 크기의 동그란 과자 한 개와 쌀밥 두세 숟가락이 담긴 플라스틱 통을 하나씩 받아 들고 맥 빠진 모습으로 식장에서 흩어졌습니다. 봉축행사는 기대했던 것과는 달리 거의 아무런 감동도 주지 않았습니다. 그러나 2,597년 전 싯다르타가 정각을 이루었던 바로 그 나무 아래에서 성도절을 맞이했다는 것만으로도 의미가 없었던 것은 아니었지요.

봉축식이 끝난 대보리사 주변은 한산하고 쓸쓸했습니다. 보리사의 뒤편 멀지 않은 거리의 공터에 넓게 천막이 쳐져 있었습니다. 부처님 오신 날 봉축식에 참석하러 멀리서 온 가난한 사람들을 위해 임시로 설치한 천막 숙소였습니다. 사람들은 그곳에서 음식을 만들기도 하고, 끼리끼리 모여 앉아 이야기를 나누기도 하고, 누워서 잠을 자기도 했습니다. 인도의 불교 신자들은 대부분 불가촉천민 출신이라고 합니다. 스님도 알고 있겠지만 암베드카르라는 지도자가 그들을 카스트의 질곡에서 해방시키기 위해 신불교 운동을 일으키면서 1956년에 많은 사람들을 불교로 개종시켰답니다. 그러나 그의 기대와는 달리 '불교를 믿는 불가촉천민의 카스트'라는 새로운 카스트를 만들었을 뿐, 그들을 해방시키는 데는 별로 기여를 하지 못했답니다. 먼 길을 불구하고 봉축식에 참석하러 온 이들은 이 행사에서 무엇을 얻었을까, 법사들이 한 말들을 얼마나 이해할 수 있었을까, 나는 천막 한구석에 앉아 그들을 바라보면서 이런저런 생각들을 했습니다. 인도 불교의 현재와 미래를 생각했습니다.

모레 아침 일찍 사르나트 녹야원으로 도보 여행을 떠납니다. 싯다르타가 했던 것처럼 정각 후 7주가 지난 다음날 떠나고 싶었으나 비자 만기일이 한 달 남짓밖에 남지 않았기 때문에 2주 앞당겨 6주가 시작되는 첫날 아침에 출발하기로 했습니다. 지도 상으로는 대략 250~300km의 거리인데 반은 국도, 나머지 반은 고속도로입니다. 가능하면 작은 길을 따라 마을과 마을을 통해 여행하려고 합니다. 하루에 15km씩 걸으면 20일 만에 그곳에 도착할 수 있겠지만 여유 있게 30일로 잡았습니다. '무소의 뿔처럼 혼자서 가라'던 『숫따니빠따』의 말씀처럼 혼자서 갑니다. 무사히 도착하면 녹야원에서 다시 소식 전하겠습니다. 호진 합장.

영원히
사라지지 않는 법
::

호진 스님, 델리 대학에 있는 제자로부터 스님이 무사히 사르나트에 도착하였다는 소식을 이메일로 전해 들었는데 며칠 전 다시 스님의 전화를 받고 근황을 확인하게 되었습니다. 대단하십니다. 기어코 700리의 도보 순례를 성공적으로 마치셨군요. 살인적인 더위 속에서 해내기 힘든 고행의 일정을 완수한 데 대해 축하를 보냅니다. 사르나트의 한국 절 '녹야원'에 며칠 묵으면서 피로는 좀 회복되었는지 모르겠습니다. 전화로 들은 음성이 힘이 없어 보여 많이 지쳐 있는 줄 알았습니다. 속히 회복해 원기를 되찾기 바랍니다. 젊은 사람도 해내기 어려운 도보를 고희가 가까운 나이에 매일 40~50리씩 20일을 넘게 했으니 그저 감탄할 뿐입니다.

지난주 통화하기 전에 보내온 편지를 받아 읽었습니다. 성도절 행사를 참관한 소감이 상세히 기술되어 있었습니다. 말씀한 바와 같이 인도의 불교 행사에 관한 것을 읽고 인도 불교가 너무 쓸쓸해 보여 안타까웠습니다. 탄생일, 성도절, 열반절을 같은 날로 보고 있다는 것도 왠지 행사를 무성의하게 하려고 하는 것이 아닌가 하는 생각이 들더군요. 남방불교의 전통이라고는 하지만 생일날에 돌아가셨다는 것에다 성도한 날까지 같은 날로 보는 것은 '싸잡이 행사'를 하기 위해 짜 맞춘 날이 아닌가 하는 생각이 들기도 합니다.

다만 스님의 글을 읽고 인도에서의 불교 행사가 지극히 심플한, 겉치레 없는 것처럼 느껴지는 점은 좋았습니다. 종교 의식이 너무 허례허식에 기울어져 지나치게 꾸며지는 것에 염증이 느껴지기 때문입니다. 하지만 부처님 출신국인 인도에서 불교의 위상이 사회적으로 수준에 이르지 못한 것 같아 안타깝습니다. 어떤 학자들은 불교가 인도를 떠나버렸다고 말하고 있지만, 사람이 고향을 떠났다 해서 고향의 의미가 없어질 수 없듯이 설사 불교가 인도를 떠났다 해도 인도에서 불교의 의미는 영원히 사라질 수 없을 것입니다. 물론 근래 인도에서 불교가 다시 살아나면서 불교 신자가 증가 일로에 있다는 말도 들은 적이 있습니다. 인도 불교의 중흥이 인도를 위해, 나아가 세계를 위해 어서 이루어졌으면 합니다.

인도의 성도절을 맞아 가사를 수하고 새벽 예불에 참석한 스님의 감회가 새로웠겠습니다. 저도 여러 차례 대보리사 법당의 불상에 예배를 드린 적이 있습니다만, 불상을 30대 청년의 상이라 설명한 스님의 글을 읽고 '인간 붓다 연구'에 부심하는 스님의 관찰력이 예리하게 느껴졌습니다. 이번 연구 일정의 특별 순례가 새로운 부처님 전기를 쓰는 중대한 계기가 될 것이라 생각합니다.

스님처럼 순수한 마음으로 불교를 위해 할 수 있는 자기 역할을 찾아야 할 텐데, 그게 참으로 쉽지 않은 일이라고 생각됩니다. 종교가 너무 상업적으로 바뀌어 가는 현실이 눈앞에 나타나고 있지 않습니까. 이러다가 종교의 순수성이 사라지고 자칫 천박한 자본주의의 노예가 되어버릴 수도 있을 것입니다. 사회가 부패하면 종교가 먼저 부패된다는 말을 한 사람도 있습니다. 스님이 경험하고 있는 인도 불교의 취약점이 오히려 미래를 향한 희망이 될 수도 있을 것입니다.

흔히 문명의 위기를 어떻게 대처할 것인가에 대해 그 대안을 종교에서 찾아보고자 하는 사람도 있습니다. 우리 불교의 입장에서는 앞으로 세계 인류의 정신적 공동화空洞化 현상을 치료할 대안이 불교라고 말하기도 하지요. 선 수행을 하는 사람들은 참선이라고 말하기도 합니다. 잘만 하면 그렇게 될 수 있을 것이라 생각합니다. 그러기 위해서는 불교나 참선의 순수성을 유지해 가야 한다고 생각합니다. 이 순수성이 상실되어 버리고 겉멋만 남는다면 오히려 사회 부패를 조장하는 바이러스가 되어버릴 수도 있을 것입니다.

수년 전에 다람살라를 방문하고 온 어떤 분의 이야기를 들은 적이 있습니다. 거사 한 분이 다람살라에 가서 며칠을 지냈는데, 처음에는 자신을 일본인인 줄 알고 티베트 스님들과 그곳 사람들이 매우 호의적인 시선으로 친절하게 대해 주었다고 합니다. 그러나 뒤에 이분이 한국인이라는 것을 알고는 그곳 사람들의 태도가 돌변하여 경계하더라는 것입니다. 그 이유를 알 수 없어 나중에 물어보았더니 티베트 스님들이 왜 한국 사람들을 싫어하는지를 말해 주더라고 하더군요.

한국에서 티베트 출신의 린포체를 초청하려고 오는 사람들이 있었다고 합니다. 이들이 교섭에 성공하여 어린 린포체 스님들을 한국에 초청해서 순회공연인지 순회법회인지를 했던 일이 1990년대 전후에 실제로 여러 번 있었습니다. 그때 큰 도시마다 무슨 린포체 스님의 마정수기摩頂授記 법회를 한다는 선전이 유행처럼 번졌지요. 그런데 그 결과 후유증이 어떻게 나타났느냐 하면, 국내에서는 상업적 성공이 있었는지 모르지만 인도로 돌아간 린포체 스님 중 일부는 한국에서 받아 간 제법 많은 액수의 사례금으로 인해 (자본주의 물질의 풍요로움에 맛 들려) 환속한 경우가 있었다는 것입니다. 이러한 이유들로 인하여 그들에게 한국인은 천박한 자본주의에 물든 매우 저급한 사람들로 인식되어 있더라는 것입니다. 한국에서의 법회가 마정수기를 한 린포체를 환속시켜 버린 결과를 가져왔다는 것입니다. 이 이야기를 듣고 저도 속이 상했습니다.

종교는 일반 사회보다 더 엄격한 윤리와 도덕률을 가지고 있어야 하는 것이 아니겠습니까. 우리 불교가 정말 경계해야 할 것도 천박해지는 것입니다. 포퓰리즘의 위세를 과시하여 정신적 공기를 탁하게 만들지 말아야 할 것입니다. 티베트 불교가 서양에서 호응을 받는 것은 청빈하고 순수한 모습 때문이라고 하더군요. 새겨들어야 할 말인 것 같았습니다.

호진 스님, 이곳도 삼복더위가 기승을 부리고 있습니다. 컨디션 조절 잘하셔서 탈 없이 지내시길 바랍니다. 지안 합장.

그런 길은 없다

그는 얼마나
많은 상처를 안고 갔을까요
::

지안 스님, 보드가야에서 녹야원까지 도보 여행을 끝내고 보내 드린 소식은 너무 간단했기 때문에 자세한 일을 궁금하게 생각하고 있을 것 같아 좀 구체적으로 알려 드리려고 합니다.

이 여행은 오랫동안 계획하고 생각한 것이었지만 막상 실행에 옮기려고 했을 때는 여러 가지 걱정과 불안이 몰려왔습니다. 내 여행 계획 이야기를 들은 이곳 사람들은 이 여행을 말렸습니다. 그 이유 가운데 공통적인 것은 잠잘 곳과 먹을 음식을 구할 수 없다는 것, 외국인이기 때문에 가진 것을 모두 빼앗기고 살해당할 위험이 있다는 것이었습니다. 실제로 일어났던 일들을 이야기해 주기도 했습니다. 그러나 이런저런 말과 사정들을 듣고 생각하다가는 결국 여행을 못하고 마는 것 아니겠습니까. 사실 두렵기도 하고 막연하기도 했지만 녹야원까지 도보로 간다는 생각은 시간과 함께 굳어졌습니다.

이번 여행을 준비하면서 가장 어렵게 생각되었던 것은 여행길에 대한 불확실성이었습니다. 지도나 책으로는 구체적인 생각을 가질 수 없었습니다. 이곳 사람들의 조언은 보드가야에서 남쪽으로 약 30km 거리에 위치한 도비Dobhi라는 곳으로 가서 바라나시Vārānasī

48

로 올라가는 고속도로를 따라가야 한다는 것이었습니다. 그렇게 할 경우 일은 쉽겠지만 내가 하고자 하는 여행의 의미는 없어지는 것이지요. 이번 여행의 목적은 단순히 녹야원에 가는 것이 아니라 2,500여 년 전 싯다르타가 첫 설법을 하기 위해 걸었던 그 길을 걷는 것이었습니다. 지금에 와서 옛길을 그대로 걸을 수는 없겠지만 방향만이라도 같은 쪽을 향하고 싶었습니다. 그리고 여행을 떠나기 전에 결심한 일 가운데 한 가지는 보드가야에서 사르나트, 다시 녹야원까지 완전히 발로 걷는다는 것이었습니다. 병이 나거나 발에 탈이 나서 어쩔 수 없을 경우에는 통가나 릭샤 같은 것을 이용하되 엔진이 달린 교통수단은 피하기로 했습니다. 다행히 병에 걸리지 않았기 때문에 여행의 첫걸음에서 마지막 걸음까지 계획했던 대로 할 수 있었습니다.

　초기 경전상으로는 싯다르타가 다섯 명의 도반들에게 법을 설하기 위해 '녹야원으로 갔다'는 사실을 제외하고는 다른 것은 알 수가 없습니다. 어떤 곳을 통해서 어떻게 갔는지에 대해서는 아무것도 확인할 수 없습니다. 『마하바스뚜』라는 오래된 붓다 전기에 싯다르타가 통과했던 녹야원까지의 장소 이름들이 나오고 있지만 가야Gayā와 녹야원 두 곳만 실재하는 장소이고 다른 곳들은 '용궁', '붉은 개미 마을'처럼 허구적인 것입니다. 몇몇 다른 경전들의 경우도 비슷합니다.[7] 아무튼 싯다르타는 그 당시에도 유명했던 두 도시, 가야에서 바라나시로 가는 가장 가까운 길을 따라 여행했을 것은 거의 확실하지 않겠습니까. 물론 그 길은 인위적으로 만들어진 현재의 기찻길과 고속도로 같은 길이 아니었다는 것은 분명한 사실이지요.

49

여행을 시작하기 전에 몇 종류의 지도를 보면서 생각한 여정은 기찻길 근방으로 나 있을 국도 같은 길을 이용한다는 것이었습니다. 몇 종류의 지도를 보면서 내가 걸어야 할 길을 정했습니다. 그러나 여행을 떠나는 날 아침 다시 짐 정리를 하다가 지도를 빠뜨려 버렸습니다. 이 사실을 그날 저녁 첫 숙박지인 가야에서 알게 되었습니다. 많이 당황했지만 어쩔 수 없었습니다. 다음 날 아침 가야 기차역의 안내를 맡은 직원에게 기찻길 근방을 달리는 도로에 대해 문의했더니 "그런 길은 없다."라고 말했습니다. 내가 연구한 지도상으로는 기찻길과 병행하는 길이 있었다는 것을 말했더니 그 직원은 화를 내기까지 했습니다. 지도상으로는 가까이 있는 것처럼 보여도 실제로는 몇 km 거리일 수도 있겠지요. 사실 나에게 그와 같은 거리는 상관없지 않습니까. 비슷한 방향으로라도 녹야원 쪽으로만 가면 되니까요. 너무 막연한 기분이 되었습니다. 우연히 자동차 기사 노릇을 오랫동안 했다는 사람을 만났는데, 이 사람이 바라나시鹿野苑까지의 여정표를 만들어 주었습니다. 처음에는 기뻐했지만 그것은 엉터리였기 때문에 바로 그날부터 문제가 생겼습니다. 여행이 끝날 때까지 경찰서와 마을, 길에서 만난 사람들에게 물어 세 번이나 수정을 해야 했습니다. 여행을 끝내고 이곳에 돌아와서 지난번 작성해 둔 지도를 보았더니 엉뚱한 곳을 제법 많이 방황했다는 것을 알 수 있었습니다.

싯다르타가 정각을 성취한 날인 5월 19일부터 매일 아침 일찍 대보리사大覺寺의 예불에 참석했습니다. 6월 24일, 보리수와 금강좌에 삼

배를 올린 뒤 그 앞에서 여행의 첫걸음을 시작했습니다. 첫날은 다행
스럽게도 날씨가 좋았습니다. 여전히 한낮에는 40도를 오르내리기
도 했지만 여행을 떠나기 열흘 전쯤부터 시작된 우기雨期 덕택으로
체감 온도는 많이 완화되었습니다. 우기에 내리는 비는 우리나라의
장마처럼 종일 또는 며칠씩 계속되는 경우는 드물고 매일 소나기처
럼 두세 시간씩 거세게 쏟아지다가 곧 그칩니다.

여행 첫날의 목표는 가야였습니다. 13km의 거리를 과연 어렵지
않게 해낼 수 있을지, 첫날의 기대와 불안이 엇갈렸습니다. 나이란자
나 강변으로 난 길을 따라 계속 걸었습니다. 얼마 전까지 물 한 방울
없이 완전한 모래밭이던 강은 놀랍게도 물이 가득 차 흐르고 있었습
니다. 등에는 배낭, 손에는 끄는 여행용 가방, 머리에는 베트남 사람
들이 사용하는 모자를 썼습니다. 길에서 만나는 모든 사람들이 호
기심을 나타내 보였습니다.

여행을 시작한 다음 날부터 당장 어려움을 겪게 되었습니다. 경찰
서가 있을 정도의 도시인데도 잠잘 곳이 아무데도 없었습니다. 이곳
집들은 우리나라 집들과 구조가 달라서 처마 밑이나 마당 구석 같
은 곳이 없었습니다. 가장 바람직한 곳은 경찰서 마당 같은 곳이었습
니다. 두 번은 경찰서 건물 한구석에서 자야 했고, 한 번은 힌두교 사
당의 처마 밑에서 자기도 했습니다. 자이나교에서 운영하는 여행자
무료 숙소에서는 발 부상을 치료하느라 3일 동안 머물렀습니다. 그
다음부터는 여태껏 이용했던 국도가 남쪽에서 올라오는 고속도로
와 합쳐졌기 때문에 고속도로를 따라 여행을 하게 되었습니다. 길도

좋아졌지만 무엇보다 숙소를 찾기가 전보다 수월했습니다.

여행을 계획할 때는 순례 여행답게 매일 틈나는 대로 녹야원과 관련 있는 초기 경전, 특히 스님이 보내 준 여러 이본異本의 『초전법륜경』들을 읽고, 길을 걸을 때마다 그 내용을 생각하면서 경건한 마음을 가지리라고 생각했습니다. 그러나 막상 여행길에 오르고 보니 사정은 딴판이었습니다. 더위, 갈증, 피로 때문에 다른 것을 생각할 수가 없었습니다. 하루의 여행이 끝난 시간에는 너무 지쳐서 일기장을 펼칠 생각도 못할 지경이었습니다. 매일 새벽 3시경에 일어나서 전등불이 없을 때는 손전등을 켜 놓고라도 전날 여행에 대한 일들을 일기장에 자세하게 기록해야 했습니다. 일기 쓰기를 끝내지 못해도 5시 반, 늦어도 6시에는 길을 떠났습니다. 기온이 많이 오르는 한낮이 되기 전에 1km라도 더 걷기 위해서였습니다.

여행을 시작하기 전, 여러 사람들에게 들었던 것처럼 아침 식사 같은 것은 고사하고 따뜻한 물 한잔도 구해 마실 수 없었습니다. 길을 걸으면서 미리 준비해 간 여행용 볶은 쌀과 수통의 소금물을 마시는 수밖에 없었습니다. 종일 땀을 많이 흘렸기 때문에 염분을 섭취해야 했습니다. 시원한 오전에는 시간당 3km까지 걸을 수 있었지만 오후에는 2km조차 걷기 힘들었습니다. 1km쯤 걸은 다음 버스 정류장이나 나무 밑에 앉거나 누워 10~20분씩 쉬어야 했습니다. 한 걸음 한걸음이 고통스러울 때도 있었습니다. 하루에 걸은 거리가 평균 20km, 휴식 시간까지 합쳐서 10시간 정도 소요되었으므로 시

간당 2km를 걸은 셈이 됩니다. 얼마나 느리게 걸었는지 짐작할 수 있을 것입니다.

여행 3일 만에 양쪽 팔이 햇볕에 데어서 물집이 생기기 시작했습니다. 며칠 후에는 허물이 모두 벗겨져 버렸고, 오른쪽 턱에도 큰 물집이 생겨서 여행이 끝날 때까지 부스럼처럼 흉하게 붙어 있었습니다. 3일째부터 양쪽 발의 뒷부분에 물집이 생기더니 4일째에는 일곱 개의 발가락이 심하게 탈이 나서 여행을 계속할 수 없게 되었습니다. 다행히 라피간즈라는 도시에 자이나교 단체가 운영하는 여행자 무료 숙소가 있었습니다. 그곳에 머물면서 상처에 약을 바르고 이틀 동안 누워 있었던 덕에 상태가 좋아졌습니다. 그러나 여행이 끝날 때까지 발은 완치가 되지 않아 절뚝거리는 상태였습니다.

경찰서 건물의 구석 또는 자이나교의 여행자 숙소에서 전등불도 없고 잠도 오지 않는 시간에는 싯다르타 생각을 했습니다. 비가 계속해서 내리던 어느 날 밤, 힌두교 사당의 처마 밑에서 쏟아지는 비 때문에 바닥에 눕지 못하고 쪼그리고 벽에 기대앉아 밤을 새웠습니다. 어둠 속으로 빗줄기를 하염없이 바라보면서 싯다르타 생각을 했습니다. 그는 얼마나 많은 날들을 비에 젖어 나무 밑에서 온밤을 떨면서 보냈을까. 넓이가 거의 10리(3,060m)나 되는 손Son 강의 다리를 힘겹게 건너면서도 '이 넓은 강을 싯다르타는 도대체 어떻게 건널 수 있었을까' 하는 생각을 했습니다. 사방을 둘러보아야 마을은 없고 까마득히 지평선만 보이는 넓고 넓은 평원 한복판을 혼자 터벅터

벅 힘겹게 걸었을 때도 싯다르타 생각이 났습니다. 모기약을 빈틈없이 손과 발과 목에 발랐는데도 모기에 물려 잠을 설친 밤에는 나무 밑이나 노천에서 매일 밤 많은 모기떼들에게 공격을 당했을 싯다르타가 생각났습니다.

편안한 연구실 의자에 앉아 경전을 앞에 하고 싯다르타의 수행과 고행에 대해 생각했던 많은 날들이 정말 우습게 느껴졌습니다. 이번 여행은 단 며칠만으로 끝나는 것이고, 아무리 경찰서 마당이나 힌두교 사당의 처마 밑에서 자는 것이 힘든 것이었다 해도 싯다르타가 했던 여행길과 어떻게 비교를 할 수 있겠습니까. 결국 우리는 우리 시대를 사는 것이고 싯다르타는 그의 시대를 살았다고 생각하는 수밖에 없겠지요. 그러나 2주간에 걸친 이 짧은 여행을 통해 붓다가 걸었던 그 길을 직접 체험할 수 있었다는 것에서 적게나마 의미를 찾을 수 있겠지요.

여행을 시작한 지 17일째 되는 날인 7월 10일 오후 4시에 마침내 녹야원에 도착했습니다. 다메크 탑에 108배를 올린 뒤 정원 구석의 잔디밭에 누워 그동안의 고달팠던 시간들을 되새겨 보았습니다. 부처님의 깊은 은혜를 생각하면서 감사의 눈물을 쏟았다고 말해야 어울리겠지요. 그러나 웬일인지 가슴이 텅 비어버린 허탈감, 공허감만이 느껴졌습니다. 여행하면서 흘린 그 많은 땀 때문에 염분 부족으로 무미건조하게 되어버린 까닭이었을까요. 그로부터 일주일 동안 우리나라 절 '녹야원'에 머물면서 매일 다메크 탑으로 가서 108배씩을 올렸습니다. 무사히 끝낸 여행에 대해 무엇인가를 어떻게든 '표현'

55

하고 싶어서였습니다.

내가 걸었던 길은 다음과 같습니다. 첫째 날은 가야까지 13km, 둘째 날 빤참뿌르까지 18km, 3일 고Goh까지 25km, 4일 라피간즈까지 20km, 5일과 6일은 감기와 발 치료, 7일 쉬우간즈까지 20km. 이 6일 동안의 여행은 가야에서 만났던 그 친절한 운전기사의 '도움' 때문에 먼 길을 방황했던 것입니다. 8일 아우랑가바드까지 13km, 여기서부터 바른 길에 들어섰습니다. 9일 호텔에서 휴식과 세탁, 10일 데흐리까지 28km, 11일 사사람까지 20km, 12일 꾸드라까지 26km, 13일 모하니아까지 22km, 14일 두르가와띠까지 13km, 15일 사이야드-라자까지 18km, 16일 무갈-사라이까지 26km, 17일 사르나트까지 16km, 합계 278km입니다. 여행한 날짜는 17일이었지만 실제로 걸은 것은 14일이었습니다.

278km, 지금과 같은 교통수단으로는 3~4시간이면 도달할 수 있는 거리입니다. 여행이 끝난 뒤 보드가야로 돌아오는 날, 바라나시에서 가야까지 타고 온 기차표에는 221km가 찍혀 있었고 급행으로 약 4시간이 걸렸습니다. 바라나시에서 녹야원까지 12km와 가야에서 보드가야까지의 거리 13km를 보태면 246km로 내가 걸은 거리보다 32km나 가깝습니다. 여행 초에 길을 잘못 들어서 좀 더 걷긴 했지만, 실제로 싯다르타가 마을에서 마을로 탁발을 하면서 녹야원까지 걸었을 길은 내가 걸은 길보다 훨씬 더 멀었을 것이라 생각합니다. 호진 합장.

우리는 또 얼마나
많은 상처를 남기나요
::

호진 스님, 정말 힘든 고행을 했군요. 모르는 사람들은 길을 걷는 것
이 뭐 그리 대단한 일이냐고 할는지 모르지만 2,600여 년 전의 싯다
르타가 성도한 후 떠났던 초전법륜의 길을 살인적 더위의 열악한 환
경 속에서 더듬어 가며 도보를 한다는 건 엄청난 고행이라는 것을
저는 잘 압니다. 숙소도 없고 음식점도 없는 낯선 지역을 하루 이틀
이 아닌 여러 날을 걸었다니 편지에 설명하지 못한 많은 고생이 있
었겠지요. 부처님 법을 위하여 몸을 돌보지 않는다는 의미의 위법망
구爲法忘軀라는 말은 스님 같은 사람을 두고 한 말일 것입니다.

소금물과 볶은 쌀로 식사를 대신할 수 있었던 것은 스님의 특수
한 체질 때문에 가능했다고 여겨집니다. 스님은 비스킷 몇 개와 과일
몇 조각으로 끼니를 때울 수 있는 사람이라는 것을 알고 있기 때문
입니다. 나는 강원에서 상강례上講禮 시간에 가끔 학인스님들에게 이
런 말을 한 적이 있습니다. "소위 수행이라는 것이 별거 아닐 수도 있
다. 적게 먹고 적게 입고 적게 자는 것 자체가 수행이다." 물론 부처님
도 두타행頭陀行을 가르쳤지요. 이것이 비구의 정명正命이라 하지 않
았습니까. 이번 스님의 순례는 초기 불교 수행자들의 두타행 모습이
연상됩니다. 어쩌면 부처님의 출가 정신이 퇴색되고 있는 이 시대에

스님은 하나의 본보기를 보여 부처님의 출가 정신을 살리려고 하는 것 같습니다.

과거 중국의 고승들이 천축 순례를 할 때에도 순교자적인 정신으로 임했을 것입니다. 법현法顯 이후 우리나라 혜초慧超에 이르기까지 수많은 스님들이 인도 순례에서 고행을 한 기록들이 중국 불교 역사에 나오고 있습니다. 그 가운데 유송劉宋 때의 지맹智猛은 404년에 담참曇讖 등 15명과 함께 장안을 출발하여 구법 여행을 떠났는데 천축에 도착했을 때는 10명이 죽거나 낙오하여 5명만 남았으며, 뒷날 장안에 돌아올 때 또 병들어 죽은 사람이 생겨 지맹과 담참 두 사람만 겨우 무사히 귀환했다고 합니다. 그들에게 있어서 순례는 모두 순교자적인 구법 정신이었을 것입니다. 여행의 낭만은 찾아볼 수 없었고 힘든 고행의 연속이었을 것입니다.

요즈음 국내에서는 종교 편향 문제 때문에 불교계가 큰 시련을 겪고 있습니다. 지난 8월 27일 20만 명이 모인 범불교도 대회가 서울 시청 앞 광장에서 있었습니다. 새 정권이 들어서서 불교를 소외시키고 무시하는 작태들이 연이어 터져 나오고 있습니다. 이에 항의하여 할복을 기도한 스님까지 나왔습니다. 어떤 스님이 우리나라는 문화적 DNA가 우수하여 종교도 다원화되었다고 말한 적이 있는데, 다종교 사회에서 계층 간의 갈등과 종교 간의 갈등이 일어나면 이것이야말로 나라의 큰 불행이 될 것입니다.

우리는 부처님이 밝혀 주신 법이 좋아 이 법에 의지해 인생관을 세우고 사는 사람입니다. 종교가 하나의 선택이었다면 인생관도 하나의 선택일 것입니다. 종교를 선택하고 인생관을 선택한 것이 남과 대결을 하자고 한 것이 아니잖습니까. 어떤 종교, 어떤 인생관도 인간답게 진실하고 착하게 사는 것이 우선 가치일 것입니다. 진실하고 착하다는 것은 사람 사이에서 나타나는 도덕적 자세를 기준으로 보는 것일 것입니다.

때로는 종교인들이 시대착오적인 맹목적 광신을 나타내면서, 그것이 자기 종교에 대한 충성이라고 생각하는 것 같습니다. 이것이 바로 문제인 것 같습니다. 이러한 것이 결국 종교적 분쟁을 초래하는 촉매가 되기도 하지요. 또한 자칫 종교적 만행까지 서슴지 않고 자행하는 수가 있기도 했습니다. 그러나 이러한 종교적 만행은 이미 중세기에 끝나지 않았습니까. 우리가 믿고 따르는 법은 싯다르타가 깨달아 얻은 진리에 대한 소신일 뿐 맹신으로 남을 배척하자는 것이 아닙니다. 그럼에도 불구하고 진리에 대한 소신이 없는 사람들이 법을 모르기 때문에 그 법을 폄하하고 비방하는 사례들을 볼 때 참으로 딱하기 짝이 없는 마음이 됩니다. 일부 종교인들의 양식이 지성인들의 지적 수준에 못 미치고 객기, 만용 같은 저급한 수준으로 나타나는 것이 정말 안타깝습니다. 물론 이러한 불우한 시절 인연이 불교계의 각성을 촉구하는 계기가 될 수도 있겠지요.

호진 스님, 어제는 동국대학교 경주 캠퍼스의 정각원에 다녀왔습니다. 새 학기 개강 법회에 한번 와 달라는 법혜 스님의 부탁으로 갔다

가 새로 정각원장을 맡은 도업 스님도 뵈었습니다. 함께 저녁 공양을
하였지요. 법혜 스님이 불교신문에 게재되는 스님의 글을 잘 보고 있
다고 말씀하셨고 내게 안부를 물었습니다. 엽서를 받았다는 말씀도
하시면서, 답장을 하려 해도 스님이 자주 이동하기 때문에 하지 못
했다고 하더군요. 또 정각원에서 이봉춘 교수님도 만났습니다. 이 교
수가 농담을 하면서 하는 말인즉, 스님 거처지 동암의 주지스님이 장
기간 부재중이어서 주지 유고로 간주하고 그곳의 신도 회장 자격으
로 새 주지를 모시기로 했답니다. 동암의 주지가 누가 될지 모르겠
습니다만 염려스럽군요. 정각원에서 만난 소식을 전했습니다. 무엇보
다 건강에 조심하십시오. 지안 합장.

불교의 탄생지, 사르나트

누가 있어
진리를 함께 나누리
::

지안 스님, 이번 여행 중에 '싯다르타가 왜 녹야원으로 갔을까?'라
는 생각을 여러 번 했습니다. 두말할 것도 없이 다섯 명의 도반들五
比丘에게 자신이 깨친 진리法를 가르쳐 주기 위해서였지 않습니까. 그
런데 나의 의문은 왜 하필 그들에게 제일 먼저 법을 설하려고 그 먼
곳으로 갔을까 하는 것입니다. 5~6년간 도반으로 지냈던 그들에 대
한 우정 때문이었을까요. 그들 사이에 그처럼 돈독한 우정 관계가
이루어져 있었을까요. 그렇다면 어째서 그들은 싯다르타가 그토록
진지하게 고행하는 것을 보았음에도 불구하고, 건강을 위해 마을 사
람으로부터 단 한 그릇의 우유죽을 공양 받은 것 때문에 '타락한 자'
라고 매도하면서 그를 떠날 수 있었을까요.

　이들 다섯 명이 어떤 사람들이었는지 정확하게 알 수는 없습니다.
몇몇 율장과 경전에 의하면 이들은 부왕 숫도다나가 싯다르타를 시
중하도록 파견했던 사람들입니다.[8] 이것은 너무 심하게 꾸민 이야기
라 그럴듯하지 않습니다. 출가를 만류하는 부왕의 눈을 피해 밤중
에 왕궁을 나가 수천 리 떨어진 외국의 한 숲속에서 홀로 수행하고
있었던 싯다르타를 다섯 명의 까뻴라바스뚜 사람들이 어떻게 찾아
낼 수 있었을까요. 또한 그들이 그를 시중들기 위해 파견된 사람들

이었다면 죽음에 가까웠던 그의 극심한 고행을 말리지는 못할망정 우유죽 한 그릇을 공양 받았다고 해서 어떻게 그렇게 매정하게 떠날 수 있었을까요.

내 생각에 그들은 라자그리하 근방과 보드가야에서 우연히 만나 함께 수행하게 되었던 사람들인 것 같습니다. 라자그리하에는 사리뿌뜨라舍利弗와 목갈라나目連의 스승이었던 산자야Sañjaya 밑에서 수행하던 수백 명 규모의 단체가 있지 않았습니까. 역시 보드가야 근처에도 까샤빠 3형제와 그의 제자들 1,000명이 있었지요. 이처럼 라자그리하와 보드가야에 상당한 수준의 스승들과 수행 단체가 있었는데도 불구하고 왜 5비구들은 외국인인 데다 수행 경력도 거의 없는 '얼치기 수행 초보자' 싯다르타와 함께 수행을 했을까요. 사실 싯다르타는 수행 경력이 전무했을 뿐 아니라 끄샤뜨리야 출신으로서 출가 이전까지는 종교나 철학과 전혀 관계가 없었던 사람 아닙니까.

다섯 명의 비구들이 기성 교단의 수행 방법이나 사상을 받아들일 수 없을 정도로 수준 높은 수행자 또는 사상가들이었기 때문에 제각기 떠돌이 행각을 하다가 비슷한 처지에 있었던 싯다르타를 만나 함께 수행하게 된 것이라고 생각할 수 있을까요. 싯다르타가 범상하지 않은 인물임을 알아보고 그와 어울렸다고 할 수 있을까요. 그렇지는 않을 것 같습니다. 5비구들이 사람을 알아보는 안목을 가지고 있었다면 몇 년 후에 싯다르타를 타락했다고 비난하면서 그를 버리고 떠나지는 않았을 것입니다. 이들 다섯 명은 그 후 싯다르타의 설법을 듣고 모두 최초의 제자들이 되었지만 교단에서는 두각을 나타내지 못했던 것 같습니다. 경전에서 5비구들의 활약상은 보이지 않습니다. 그들 가운데서 붓다의 10대 제자가 된 사람은 아무도 없지 않습니까.

싯다르타가 녹야원으로 간 것은 일반적으로 우리가 생각하고 있는 것처럼 '중생구제'의 시작을 위해서였을까요. 그것보다는 자신이 깨달은 법, 발견한 진리에 대한 다른 사람의 이해와 공명共鳴을 얻기 위해서, 그리고 그것이 모든 사람에게 통할 수 있는 보편타당한 진리라는 것을 확인하기 위해서가 아니었을까요.

초기 경전을 좀 더 자세하게 검토해 보면 싯다르타가 출가해서 도를 이룰 때까지는 '중생구제'라는 생각을 전혀 하지 않았다는 것을 알 수 있습니다. 우리가 잘 알고 있는 그의 출가 동기인 사문유관四門遊觀 과정에서 인생의 괴로운 실상을 본 것이라든지, 밤이 깊도록 유흥을 즐기다가 잠에 취해 흐트러진 기녀妓女들의 추한 모습을 본 것이라든지, 또는 부왕이 출가를 만류하면서 "나는 왕으로서 네가 원하는 모든 것을 해 줄 수 있다."라고 하자 "늙지도, 병들지도, 죽지도 않게 해 달라."라고 했다는 것 등의 이야기들 가운데 중생의 구제나 진리의 추구라는 말은 전혀 나오지 않습니다. 싯다르타가 정각을 이룬 뒷날 제자들에게 자신의 출가 동기를 말한 것에서도 이것을 알 수 있습니다. "나는 늙음, 죽음, 근심, 번뇌가 없는 열반을 구하고자 생각하고, 부모님이 울부짖고 친척들이 좋아하지 않았지만 (출가했다)." 싯다르타 자신의 고苦 문제 앞에서는 부왕의 간청도, 부인 야쇼다라와 갓 태어난 아기도, 까삘라바스뚜국의 장래도 2차적인 문제였을 뿐입니다. 중생구제는 더더구나 아니었습니다.[9] 출가 후에도 마찬가지였습니다. 처음으로 가르침을 받았던 두 스승 알라라 깔라마와 우드라까 라마뿟뜨라 곁을 떠난 이유도 진리의 추구나 중생구제 문제와는 관련이 없었습니다. 그들의 가르침으로는 자신의 고 문제를 해결할 수 없었기 때문이었습니다. 6년이라는 세월 동안 몰두했던 고행을 포기한 것도 '고행으로는 고에서 해탈할 수 없다'는 단 한 가지 이유였던 것 아닙니까.[10]

스님도 아시다시피 여러 경전과 율장에 나오는 범천권청梵天勸請의 설화에 의하면 싯다르타는 정각을 성취한 후에도 자신이 깨친 진리法를 사람들에게 가르치려고 하지 않았습니다. 그는 그 진리가 너무나 깊고 이해하기 어려워서 탐욕에 빠지고 무명에 뒤덮여 있는 세상 사람들이 이해할 수 없을 뿐 아니라 자신만 피곤할 뿐이라고 생각했습니다. 그러나 처음 결심과는 달리 결국 사람들에게 그것을 가르치기로 했습니다. 그 이유는 범천이 거듭 간청했기 때문이었다고 합니다.[11] 그렇지만 이것은 실제로 일어날 수 없었던 일 아닙니까. 이것은 싯다르타가 마음속의 갈등을 극복하고 사람들을 가르치게 된 동기를 설명하기 위해 만들어진 설화임에 틀림없습니다.

싯다르타가 자신이 발견한 진리를 가르치기로 결심한 뒤 가장 먼저 생각했던 사람들은 5비구가 아니라 6년 전 짧은 기간 동안 가르침을 받았던 두 스승 알라라 깔라마와 우드라까 라마뿟뜨라였습니다.

자신이 깨친 진리는 매우 어렵기 때문에 그들처럼 지혜를 가진 자智者라야만 이해할 수 있다고 생각했던 것입니다.[12] 두 스승은 보드가야에서 불과 100km 남짓 떨어진 라자그리하 근처에 살고 있었습니다. 경주 남산에서 대구 팔공산까지의 거리로 도보로 4~5일이면 도달할 수 있는 곳입니다. 그러나 싯다르타는 두 스승이 이미 세상을 떠나버렸다는 것을 알게 되었지요.

그다음에 생각한 사람들이 5비구였습니다. 경전 편찬자들은 5비구를 감히 '지혜를 가진 사람들'이라고는 말할 수 없었던 것 같습니다. 싯다르타가 그들에게 법을 설해 주려고 한 것은 자신이 고행할 때 시중을 잘 들어 주었기 때문이라고 설명하고 있습니다.[14] 그러나 이와 같은 이유는 억지처럼 보이지 않습니까. 5비구들이 싯다르타에게 들어 주었다는 시중이 도대체 어떤 것이었을까요. 과장된 내용이긴 하지만 고행을 할 때 하루에 한 알의 깨와 한 톨의 쌀日食一麻 一米밖에 먹지 않았다는 그에게 시중들 일이 있었겠습니까.[15] 게다가 기진맥진한 상태에서 죽 한 그릇 먹는 것을 보고 타락한 자라고 비난하면서 떠난 그들을 '시중 잘든 사람'이라고 할 수 있을까요. 설사 시중을 잘 들어 주었다 해도 그들은 '깊고 이해하기 어려운 법甚深難解法'을 설해 주기에 알맞은 사람들이 아니었습니다. 싯다르타는 녹야원에서 만난 그들을 '이 어리석은 사람들此愚癡人', '너희들은 어리석구나汝等愚癡'라고 나무라기까지 했습니다.[16] 어려운 진리를 이해하는 것과 시중을 잘 들어 준 것에 대한 감사는 별개의 일 아닙니까. 싯다르타에게 절실하게 필요했던 사람은 자신이 발견한 진리를 이해하고 공명해 줄 지혜를 가진 자, 즉 지자智者였습니다.

그럼에도 불구하고 싯다르타가 5비구들을 첫 설법의 대상으로 삼았던 이유는 무엇이었을까요. 선택의 여지가 없었기 때문이라고 생각됩니다. 그가 인도에서 알고 있었던 사람은 5비구들뿐이었습니다. 출가 후 6년 동안 고행을 했다는 사실을 곧이곧대로 받아들이지 않는다 해도 싯다르타는 수행 기간 동안 틀림없이 사람들과 관계를 가지지 않았을 것입니다. 그가 알고 있었던 사람이 '5비구들뿐이었다'고 말했지만 실은 그들 외에 한 사람 더 있었습니다. 마가다왕 빔비사라입니다. 출가 직후 라자그리하에서 만난 그에게 자신이 도道를 이루면 법을 설해 주기로 약속했습니다. 그러나 싯다르타는 그를 첫 설법의 대상자로 생각조차 하지 않았습니다. 빔비사라 왕은 지자도 수행자도 아니기 때문이었겠지요.

싯다르타는 어려움을 무릅쓰고 먼 길을 걸어서 5비구들을 찾아갔습니다. 그들은 그를 냉대했습니다. 그에게 인사조차 하지 않으려고 했습니다. 싯다르타는 여러 가지 말로 그들을 설득시켜 마침내 그의 가르침에 귀를 기울이게 만들었습니다. 하지만 처음에 우려했던 대로 '심심난해한 법'을 이해시키기란 쉽지 않았습니다. 그래도 포기하지 않고 계속해서 가르쳤습니다. 얼마 후 5비구 가운데 한 사람이었던 교진여憍陳如, Koṇḍañña가 그의 가르침을 이해하게 되었습니다. 싯다르타는 너무나 기뻐서 "아, 참으로 교진여는 깨달았구나Aññāta Koṇḍañña! 아, 참으로 교진여는 깨달았구나!"라고 탄성을 질렀습니다. 경전 번역자들은 '깨달았다悟, 이해했다解, 知'는 의미의 Aññāta 라는 말을 '아야阿若'라고 음音으로 번역해서 교진여의 이름 앞에 붙였습니다. 이 때문에 우리는 항상 그를 '아야 교진여阿若 憍陳如'라고 부름으로써 '아야'라는 말이 마치 그의 성姓인 것처럼 착각하게 되었지요. 그것은 성이 아니라 싯다르타의 감격에 넘친 고함 소리였던 것입니다.[17]

지안 스님, 나는 '아야 교진여'라는 이름을 볼 때마다 싯다르타가 환성을 지르면서 기뻐하는 모습이 눈앞에 떠오릅니다. 싯다르타가 이처럼 기뻐했던 것은 교진여가 진리를 이해했기 때문이라기보다는 자신이 발견한 진리가 다른 사람에 의해 처음으로 이해되었기 때문이 아니었을까요.

교진여가 싯다르타의 가르침을 이해한 뒤 며칠 사이에 네 명의 다른 비구들도 붓다의 진리를 모두 이해하게 되었지요. 이것이 첫 설법으로서, 우리는 이를 두고 '처음으로 진리의 바퀴를 굴렸다'라는 의미로 초전법륜初轉法輪이라 부르고 있지 않습니까. 불교라는 '종교'는 싯다르타가 진리를 깨친 것으로부터 시작된 것이 아니라 첫 설법에 성공함으로써 비롯된 것이지요. 이 첫 설법을 불교에서 가장 중요한 사건으로 생각할 뿐 아니라, 역시 녹야원을 가장 신성한 장소聖地로 기리는 것은 이런 이유 때문이 아닙니까. 룸비니가 싯다르타의 '육신 탄생지'이고, 보드가야가 '진리 탄생지'라고 한다면, 이곳 녹야원은 '불교 탄생지'라고 할 수 있을 것입니다.

붓다가 5비구 이외의 다른 사람들에게 설법을 한 것은 계획되고 의도된 일이 아니라 우연히 이루어졌습니다. 스님도 잘 알고 있는 내용입니다만 첫 설법이 있은 후 얼마 지나지 않은 어느 날 새벽, 싯다르타는 녹야원을 거닐다가 고뇌에 가득 차 신음을 하면서 지나가던 야사 Yasa라는 청년을 만났습니다. 바라나시 부호의 아들인 야사는 밤새도록 여인들과 유흥을 즐기다가 그녀들이 잠에 곯아떨어진 추한 모습을 보고 충격을 받아 집을 뛰쳐나갔지요. 싯다르타는 야사에게 법을 설해 주었고, 그는 그 자리에서 깨달음을 얻어 출가했습니다. 그의 출가 소식을 전해 들은 야사의 친구들 54명도 싯다르타의 가르침을 받고 깨달음을 얻어 출가했습니다. 이제 싯다르타가 발견한 법을 이해하고 공명해 주는 사람들은 5비구를 포함해서 60명이 되었습니다.[18] 그때서야 비로소 싯다르타는 자신이 발견한 법에 대한 확신과 중생교화의 가능성을 가지게 되었습니다. 그래서 60명의 제자들에게 "중생들人天의 이익과 안락을 위해 전도를 떠나거라. … 나도 우루벨라로 법을 설하러 가겠다."라고, 소위 말하는 전도선언傳道宣言을 한 것 아니겠습니까.

깨달음을 이루었으면서도 '다른 사람에게 가르쳐 보아야 자신만 피곤할 뿐 이익이 될 것 없다我唐疲勞 無所利益'고 생각했을 뿐 아니라,[19] 자신의 수행처 근방에 있었던 까사빠 3형제가 거느린 1,000명의 수행자들에게 자신이 깨친 내용을 말해 볼 생각조차 하지 못했던 싯다르타가 아니었습니까. 그랬던 그가 5비구와 55명의 바라나시 청년들에게 자신이 깨달은 법을 이해시키고 난 뒤, 얼마 전에 떠났던 보드가야를 향해 다시 멀고 어려운 길을 걸어 돌아가기로 한 이유는 무엇이었을까요. 1,000명의 수행자들에게 자신이 발견한 진리를 이해시키고 공명을 받을 수 있다는 자신감을 가지게 되었기 때문이 아니었을까요. "나도 우루벨라로 법을 설하러 가겠다."라고 60명의 제자들 앞에서 큰 소리로 말하고 있는 싯다르타의 자신에 찬 모습이 눈앞에 보이는 듯합니다.

지안 스님, 지금까지 길게 말한 것을 요약하면 다음과 같은 한 문장이 됩니다. 즉 싯다르타가 녹야원으로 갔던 이유는 5비구를 가르쳐 제도하기 위해서가 아니라 자신이 발견했던 진리의 '이해와 공명'을 얻기 위해서였다는 것입니다. 60명의 귀의자들을 가지게 된 것과 자신의 가르침을 세상에 널리 펴기로 결심한 일은 얼마 전 보드가야를 떠날 때까지만 해도 전혀 계획되지도 예상하지도 못했던 일 아니었습니까. 설사 싯다르타가 녹야원으로 갔었다 해도 5비구들에게 자신이 깨달은 법-진리를 이해시키고 공명을 받지 못했다면 어떻게 되었을까요. 보드가야에서의 '정각'은 싯다르타 개인의 일로 끝나고 말았겠지요. 호진 합장.

밀려드는
의문들
:::

지안 스님, 지금까지 쓴 편지에서 붓다 또는 석존釋尊, Śākyamuni이라는 호칭 대신 일부러 '싯다르타'라는 이름을 사용한 이유가 있습니다. 붓다, 석존, 여래와 같은 명칭은 고유명사가 아니라 모든 '깨달은正覺 사람'에게 사용할 수 있는 보통명사가 아닙니까. 그래서 스님에게 보내는 편지에서는 붓다의 역사적이고 인간적인 면을 강조하기 위해 의도적으로 '싯다르타'라는 본명을 사용했습니다. 앞으로도 그렇게 하려고 합니다. 경전에서는 모든 출가자들이 출가 이후에도 출가 전의 이름을 그대로 사용하고 있지 않습니까. 예를 들면 아난다, 까샤빠, 라훌라, 우빨리처럼 말입니다. 인간적인 붓다를 말하기 위해 그의 본명을 사용해도 무례한 일이 아니라고 생각됩니다. 싯다르타라고 하면 어릴 때의 이름 같지만 35살, 정각을 이루기 전까지는 이 이름이 사용되었고 정각 이후에도 제자들이 아닌 사람들은 항상 그를 '고따마'라는 속명으로 불렀다는 사실을 경전에서 확인할 수 있습니다.

지난번 편지에서는 싯다르타가 녹야원으로 갔던 이유에 대해 내 생각을 정리해 보았습니다. 이번에는 5비구들이 어떻게 해서 녹야원으로 가게 되었는지에 대해 말해 보려고 합니다. 덧붙여 5비구들이 녹야원에 머물고 있다는 사실을 싯다르타가 어떻게 알았는지에 대해서도 생각해 보려고 합니다. 평소에 갖고 있었던 이런 의문들이 지난번 도보 여행 때 구체화되었습니다. 어떠한 경전에서도 이 점에 대해 설명해 주고 있는 것을 보지 못했습니다. 역시 내가 아는 한 지금까지 이 문제에 대해 의문을 제기한 사람은 아무도 없었습니다.

5비구들이 싯다르타에게 실망한 뒤 다시 택하게 된 수행 장소가 바라나시였다고 한다면 그럴 만하다고 이해를 할 수도 있습니다. 왜냐하면 바라나시는 성스러운 갠지스 강이 흐르고 있어 이미 오래전부터 인도 각처에서 많은 수행자들과 학자들이 모여들었던 곳이므로 라자그리하나 보드가야에서 수행하고 있던 사람들에게도 그 명성이 알려졌을 것이기 때문입니다. 그러나 녹야원은 바라나시와는 관계가 없는 곳입니다. 경전에서는 '바라나시 교외 녹야원'이라 하고 있지만 이곳은 바라나시에서 북쪽으로 30리(12km)나 떨어진 곳입니다. 보드가야에서 바라나시로 가는 길목에 위치한 것도 아니고 갠지스 강의 상류나 하류도 아닙니다. 바라나시와 관련지을 수 있는 장소도 위치도 아닙니다. 그렇다고 수행처로서 좋은 산이나 강이 있는 것도 아닙니다. 바라나시와 가까운 곳이기 때문에 5비구들이 그곳으로 갔다면 왜 하필 녹야원이었겠습니까. 바라나시를 중심으로 해서 사방 30리에 녹야원처럼 작고 평범한 마을이나 동산이 적어도 수백 곳은 있었을 것입니다.

녹야원은 싯다르타의 첫 설법지가 되었기 때문에 그 이후로 인도

뿐 아니라 불교가 전해진 모든 나라에 알려지게 되었지만, 그 이전에는 이곳이 특별한 곳으로 알려질 근거가 아무것도 없습니다. 그곳에는 큰 수행 단체나 유명한 스승이 없었습니다. 수행자들을 후원해 준 왕이나 독지가가 있었던 것도 아니었습니다. 큰 스승이나 좋은 수행 단체가 있다는 소문을 듣고 5비구들이 녹야원으로 갔었다면 싯다르타가 그곳에 도착했을 때 그들은 그 스승 밑에서 수행을 하고 있었을 것입니다. 그러나 그들은 스승 없이 그들끼리 모여 살고 있었습니다. 수행자들을 잘 돌봐 주는 왕이나 독지가가 있다는 소문을 듣고 그들이 녹야원으로 갔을까요. 그것은 더더욱 아닐 것입니다. 얼마 전, 죽 한 그릇 때문에 싯다르타를 매도하고 떠난 그들이 독지가의 후한 공양을 받기 위해 그곳으로 갔다고 생각할 수는 없겠지요. 그렇다면 왜 5비구들은 그 먼 곳에서, 인도라는 그 넓은 나라에서 하필이면 그곳으로 가게 되었을까요. 녹야원이 우루벨라라는 외진 촌구석에 있었던 다섯 명의 수행자들에게까지 좋은 수행처로 알려질 만큼 대단한 곳이었다면 다른 수행자들도 그곳에 많이 모여 있었겠지요. 그러나 다른 수행 단체가 녹야원에 있었다고 전하는 경전을 본 적이 없습니다. 게다가 이곳에서 첫 설법이 이루어져 불교도들에게 중요한 장소가 된 뒤에도 싯다르타 생전에 제자들이 이곳에 가서 수행을 했다거나, 싯다르타 자신이 안거安居나 교화를 위해 이곳을 다시 방문했다는 내용이 담긴 경전은 보지 못했습니다. 이와 같은 사실은 무엇을 말하는 것일까요. 녹야원이 수행 장소로서 특별한 곳이 아니었음을 알게 해 주는 것 아니겠습니까.

되풀이되는 말이지만 그렇다면 왜 5비구들이 그곳으로 가게 되었을까요. 어쩌면 이 의문에 대한 만족할 만한 답은 결코 찾지 못할 것입니다. 뿐만 아니라 중요한 문제도 아닙니다. 내가 내린 결론은 간단합니다. 5비구들이 바라나시를 목표로 해서 갔다가 어떤 사정으로 인해 그곳에 있지 못하게 되어 그 근방에서 머물 만한 장소를 찾은 것이 녹야원이었거나, 아니면 무작정 헤매다가 우연히 그곳에 자리를 잡게 되었다는 것입니다.

이와 같은 사정이었을 터인데, 싯다르타는 정각을 성취한 얼마 뒤에 다섯 명의 도반들이 녹야원에서 수행하고 있다는 것을 어떻게 알았을까요. 천안통天眼通 또는 불안佛眼으로 알게 되었다고 '첫 설법'을 전하는 여러 경전에서 말하고 있지만 이것은 사실일 수 없지 않습니까.[20] 어떤 사람으로부터 5비구들이 녹야원에 있더라는 말을 들었다고도 할 수 없습니다. 그들의 존재가 사람들의 입에 오르내릴 정도로 유명하지도 않았겠지만 설사 그랬다고 해도 최단 거리로 600~700리나 떨어져 있는, 마을과 마을을 연결하는 길로서는 이보다 훨씬 더 먼 거리에 있었을 5비구들의 소식이 어떻게 짧은 기간 내에 보드가야에 있던 싯다르타의 귀에 닿을 수 있었겠습니까. 있음직하지 않은 일입니다. 그리고 서로 간에 소식이 전해지기로 했다면 싯다르타가 정각을 성취했다는 사실이 5비구들에게 먼저 전해졌어야지요. 5비구들이 녹야원이란 곳에서 수행하고 있다는, 관심거리조차도 될 수 없는 사소한 일이 다른 사람을 통해 보드가야에 있던 싯다르타에게 먼저 전해졌겠습니까.

또 한 가지 문제가 있습니다. 싯다르타가 보드가야에서 녹야원까지 가는 데 걸린 날짜입니다. 싯다르타가 5비구들의 거처를 알아 녹야원으로 가서 첫 설법을 하게 된 것은 경전이나 학자들이 말하고 있는 것과는 달리 상당히 긴 시간이 지난 뒤에 이루어졌을 것이라고 생각됩니다. 경전에서는 싯다르타가 성도한 후 49일 동안 보리수 근처에 머문 뒤 5비구들에게 법을 설하기로 결정하고 "새벽녘에 옷과 발우衣鉢를 챙겨 18요자나(약 160~200km)가 되는 먼 길을 걸어 그날 저녁 무렵에 녹야원에 닿았다."라고 말합니다.[21] 이것은 사실 여부를 따져 볼 가치도 없는 것이겠지요. 남방불교 전통에 의하면 첫 설법은 인도 달력으로 아살하Asalha 달(음력 6월) 15일이었다고 합니다. 이것은 정각 후 두 번째 맞은 보름날입니다.

남방불교에서는 지금도 이날을 첫 설법의 날로 기념하고 있는 것 같습니다. 올해의 달력으로 계산해 보면 5월 19일이 정각을 이룬 날이고, 그로부터 49일 되는 날은 7월 6일, 녹야원으로는 그다음 날 떠났습니다. 정각 후 두 번째 보름날은 7월 18일입니다. 따라서 싯다르타는 보드가야에서 녹야원까지 가는 데 12일이 걸렸다는 계산이 나옵니다. 보드가야에서 녹야원까지 12일 만에 갈 수 있었다는 사실도 인정하기 어렵지만, 이것은 사실에 입각해서 나온 날짜가 아니라 신앙 차원에서 만들어진 것이라고 생각됩니다. 남방불교에서 달마다 포살 모임을 행하고 있는 보름날에 첫 설법 날짜를 맞춤으로써 더 큰 의미를 부여하려고 한 것 같습니다. 그러나 보름날에 포살 행사를 하기 시작한 것은 불교 교단이 상당한 수준으로 발전한 뒤였습니다. 그렇게 보면 첫 설법 이전, 아직 교단이 생기지도 않은 시점에서 어떻게 보름날에 맞추어 5비구들에게 가르침을 펼 수 있었겠습니까.

현대 학자들이 추정하는 날짜는 15일(宮坂) 또는 '적어도 14일 (Schumann)', '약 10일(中村元)' 등 학자마다 다릅니다.[22] 이와 같은 날짜들은 책상 앞에 앉아 계산해낸 허수虛數에 불과하다고 말하지 않을 수 없습니다. 학자들은 "보드가야에서 녹야원까지 약 250km이고, 하루에 15~20km씩 걸을 수 있었을 것이므로 14일 또는 18일이 걸렸다."라고 계산했겠지요. 그러나 실제 상황은 다르다는 것입니다. 250km라는 거리는, 보드가야에서 녹야원까지 이르는 최단거리로서 현대에 만들어진 잘 닦인 길입니다. 2,500여 년 전에 싯다르타가 걸었던 길이 아닙니다.

보드가야에서 녹야원까지는 언덕조차 없는 말 그대로 완전한 평원이었습니다. 마을들은 대부분 그 넓은 평원의 이곳저곳에 흩어져 넓은 바다 복판에 떠 있는 섬처럼 띄엄띄엄 자리 잡고 있었습니다. 때로는 사방을 둘러보아야 지평선만 보이고, 아득한 평원의 끝 지점에 마을이 있을 것 같은 나무숲이 보였습니다. 인도에는 많은 인구가 살고 있지만 국토가 워낙 넓어 우리나라처럼 마을들이 조밀하게 형성되어 있지 않았습니다. 하물며 싯다르타가 살았던 때는 인도 인구가 지금의 10분의 1, 아니 100분의 1이나 되었겠습니까. 대부분의 땅은 미개간 상태에다 도시나 마을은 지금과 비교도 할 수 없을 정도로 소수였을 것입니다. 비록 적은 양의 음식이었겠지만 아침마다 탁발을 해야 했을 것이므로 마을에서 마을을 따라 여행하지 않으면 안 되었을 것입니다. 따라서 걸어야 할 길은 더욱 멀었을 것임에 틀림없습니다.

탁발을 하기 위해서가 아니라 해도 사람이 통행할 수 있는 길은 마을들을 연결하는 길뿐이었을 것은 말할 것도 없겠지요. 몇 번이나 주의 깊게 살펴본 바로는 길이 아닌 수풀 속으로는 한 걸음도 제대로 옮길 수 없을 정도였습니다. 열대지방의 식물들은 우리나라 산이나 들에서 자라는 그것과는 달리 얽히고설켜서 야생동물조차 지나다니기가 어려운 상태였습니다. 게다가 보드가야와 녹야원 사이에 상당히 큰 강이 10개쯤 있었습니다. 우기 때 갠지스 강폭은 불과 400~500m였지만, 손Son 강은 그 위에 놓여 있는 다리 길이만 3km가 넘었습니다(3,060m). 건너편 강변은 까마득했습니다. 싯다르타가 강변에 도착했을 때마다 즉시 배가 마련되어 뱃삯 없이도 강을 건널 수 있었을까요. 가능한 일이 아니라는 것을 알았기에 경전 편찬자는 "날아서 건넜다."라고 표현한 것이겠지요. 강뿐만 아니라 비가 많이 내린 다음 날은 넓은 벌판이 큰 호수처럼 물로 가득했습니다. 이 '물 벌판'을 맨발로 가로질러 건넌다는 것은 생각할 수도 없는 일입니다. 심지어 싯다르타가 녹야원으로 여행했을 그 당시에는 대부분 개간도 되지 않은 황무지였을 것입니다. 발바닥에 굵은 가시 같은 것이 한 개라도 박혔을 경우 여행을 계속하기란 불가능했을 것입니다.

언어 역시 문제가 됩니다. 공교육을 실시하고 있는 지금도 수십 가지의 언어가 공식적으로 통용되고 있는 인도에서, 네팔어가 모국

어인 싯다르타가 어떤 언어로 길을 묻고 의사소통을 할 수 있었을까요. 실제로 이번 여행 때 뜨거운 물 한 그릇을 얻으려고 온갖 표현을 다 사용했지만 뜻이 전달되지 않았던 적이 있었습니다.

이번에 도보 여행을 하면서 만난 사람들 대부분은 바라나시는 알고 있었지만 녹야원이 위치한 도시 사르나트는 몰랐습니다. 인도 인구의 약 99.5%가 힌두교와 이슬람교를 비롯한 다른 종교를 믿는 사람들인데, 그들이 어떻게 멀리 떨어진 한 작은 도시에 불과한 불교성지의 이름을 알 수 있겠습니까. 현재도 이럴진대 하물며 싯다르타 당시의 사정은 어떠했을까요. 므리가다바Mṛgadāva, 즉 녹야원을 외국 출신인 싯다르타가 어떻게 알았으며 그곳으로 가는 길을 물었을 때 평생 동안 태어난 곳을 벗어나지 않고 살았을 당시의 사람들 가운데서 그곳을 알았던 사람이 과연 있기나 했을까요.

이번에 걸어 보니 사방으로 지평선만 보이는 평원에서는 동서남북을 구별할 수 없었습니다. 이정표가 가리키는 대로 서쪽을 향해 가면서도 느낌은 틀림없이 남쪽이나 북쪽으로 가고 있는 것 같았습니다. 분명히 서쪽인데 아침이면 해가 그쪽에서 떠올랐습니다. 이런 여건 속에서 싯다르타가 보드가야에서 녹야원까지 15일 내지 18일 만에 갈 수 있었겠습니까. 나는 이번 여행 때 잘 닦인 큰 길과 곳곳에서 볼 수 있었던 이정표를 따라 걸었기 때문에 거의 길을 헤매지 않았고, 나룻배 대신 다리를 이용하여 안전하고 빠르게 강을 건널 수 있었습니다. 음식 역시 휴대용으로 해결하거나 음식점에서 사 먹을 수 있었으므로 싯다르타처럼 탁발을 하느라 집집을 돌아다니며 시간을 허비할 필요도 없었습니다. 그렇게 매일 목적지를 향해 부지런히 걷기만 했는데도 17일이 걸렸습니다.

지안 스님, 이와 같은 의문을 제기하자면 끝이 없겠지요. 그러나 납득할 수 있는 답을 기대할 수는 없을 것입니다. 설사 의문들을 해결한다 해도 그것이 무슨 큰 의미가 있겠습니까. 그러나 우리가 지금까지 너무나 당연하게 받아들였던 많은 사실들에 대해 이런 식으로 다시 한 번 생각해 본다는 데서 의미를 찾을 수 있지 않을까요. 호진 합장.

끝이 아닌 새로운 시작

인류 역사를 바꾼
시시한 깨달음
::

깨달음, 즉 정각正覺 문제는 한번 진지하게 이야기를 해야 할 주제입니다. 성도절에 썼던 편지 다음에 바로 이 문제에 대해 이야기를 하고 싶었는데 서둘러 녹야원으로 떠나느라 그렇게 하지 못했던 것입니다.

경전에는 싯다르타가 보드가야의 보리수 밑에서 '깨달았다, 정각을 이루었다, 무상정등정각無上正等正覺을 성취했다'는 말이 수없이 나오지만 막상 정각 내용에 대해 명확하게 말해 놓은 곳을 찾기란 쉽지 않지요. 설사 그런 내용을 발견한다 해도 경전마다 다르지 않습니까. 현대 학자들도 이것을 규명해내려고 적지 않은 노력을 했지만 일치된 주장을 내놓지 못하고 있습니다.[23] 초기 경전과 율장들을 근거로 해서 싯다르타가 성취한 깨달음에 대해 내 나름대로 자세하게 살펴보려고 합니다.

싯다르타는 보드가야에서 깨달음을 성취하고 나서 약 두 달 또는 세 달 후에 바라나시 근처의 녹야원으로 다섯 명의 도반들을 찾아 갔습니다. 그들은 그를 '고행을 포기하고 타락한 사람'이라고 매도하면서 상대조차 하지 않으려고 했습니다. 싯다르타가 자신은 타락하지 않았을 뿐 아니라 정각을 성취했다고 말하자 5비구들은 어처구니 없어 했습니다. "고행을 닦았을 때도 정각을 이룰 수 없었는데 하물 며 고행을 포기하고 사치스러운 생활로 돌아갔는데 어떻게 정각을 성취할 수 있었는가."라고 직설적인 공격을 하기도 했습니다.[24] 싯다르 타는 그들에게 "나는 타락하지 않았다. 고행을 싫어해서 사치스러운 생활로 되돌아가지도 않았다."라고 두 번 세 번 말했습니다. 그들 역 시 두 번 세 번 같은 말로 공격을 했습니다. 끝내 싯다르타는 "잘 기 억해 보아라. 내가 전에 이처럼 말한 적이 있었는가.", "전에 내가 거짓 말하는 것을 보았는가.", "자네들은 이전에 내가 이처럼 얼굴이 깨끗 하고 빛나던 것을 본 적이 있는가."라고 애원에 가까운 말까지 했습니 다.[25] 그때 싯다르타의 절박한 심정을 보는 것 같지 않습니까.

마침내 그들이 설득되어 자신의 말에 관심을 가지게 되자 싯다르 타가 가장 먼저 했던 가르침은 중도中道에 관한 것이었습니다. 중도 는 자신이 성공할 수 있었던 수행 방법이기도 했지만, 고행을 포기 했으므로 타락했다고 공격하는 도반들에게 우선적으로 밝혀야 할 문제이기도 했을 것입니다. 그것은 뒷날 볼 수 있는 복잡하고 사변 적인 내용이 아니라 단순하고 구체적인 것이었습니다. 아마도 다음 과 같은 내용이 아니었을까요. "지난날 내가 궁중에서 쾌락적인 생 활을 했지만 고통이 뒤따랐다. 그래서 출가를 했다. 자네들도 알다 시피 보드가야의 고행림에서 오랫동안 극심한 고행을 했지만 역시 고苦에서 해탈할 수 없었다. 그 뒤 쾌락적인 행도 아니고 고통스러운 행도 아닌 비고비락非苦非樂의 중도행을 닦았더니 정각과 해탈을 이룰 수 있었다."

　이것을 싯다르타는 5비구들에게 '애욕에 빠져 그것을 즐기는 것 樂行 …, 그리고 스스로를 괴롭히는 일에 빠져 고통스러워하는 것 苦行, 이 두 가지 행은 올바르지 않다. 이 두 가지 극단을 버리고 중도를 행해야 한다 捨此二邊 取中道'고 표현했습니다.[26] 5비구들에게 설명했던 중도란 극단적인 것이 아닌, 조화를 유지할 수 있는 '적당한 상태'를 의미했습니다. 뒷날 싯다르타가 소나Sona 비구에게 거문고의 비유로써 설명했던 것과 같은 것입니다. 거문고 줄은 지나치게 팽팽해도, 반대로 지나치게 느슨해도 좋은 소리를 낼 수 없지 않습니까. 좋은 소리를 내기 위해서는 줄이 적당한 상태를 유지해야 합니다. 그와 마찬가지로 수행을 위해서도 두 극단에 치우치는 것은 좋지 않다는 것이었습니다.[27]

드디어 5비구들은 싯다르타의 말에 귀를 기울였습니다. 그때부터 본격적인 가르침이 시작되었습니다. 그 내용은 불교의 중심 교리가 된 4성제四聖諦였습니다. 그러나 아직 정형화된 4성제가 아니라 다음과 같이 자연스러운 이야기식의 설명이었을 것입니다. "우리가 출가해서 수행하는 목적이 무엇인가. 고에서 벗어나고자 하는 것 아닌가 苦성제. 고는 저절로 생긴 것도 아니고 누가 우리를 벌주기 위해 만든 것도 아니다. 고를 발생시키는 원인 때문에 생긴 것이다 集성제. 따라서 그 원인을 없애 버리면 고는 사라진다 滅성제." 끝으로 고를 소멸시키는 방법을 말했을 것입니다 道성제.

　이와 같은 싯다르타의 가르침에는 새로운 것도 어려운 것도 없지 않습니까. 특별한 것이라고는 아무것도 없습니다. 누구라도 이해할 수 있는 내용입니다. 5비구들이 처해 있던 상황과 추구해야 할 목표, 그리고 그 목표에 도달할 수 있는 방법에 대한 쉽고 구체적인 설명이 었을 뿐입니다. 철학적인 존재 문제나 우주의 원리 같은 사변적이고 도 추상적인 이론이 아니었습니다. 5비구들에게 그런 내용이 왜 필 요했겠습니까. 싯다르타가 말한 것은 의사가 병자를 치료할 때 사용 하는 방법과 같은 것이었습니다.

우리가 병이 들었을 때 의사는 우리가 병에 대해 이해할 수 있 도록 먼저 쉬운 말로 설명해 주지 않습니까苦諦. 그다음 병의 원인集 諦과 회복될 건강 상태를 말해 줍니다滅諦. 우리는 이 세 가지 점에 대해 확실하게 납득을 할 때 건강 회복이라는 목표를 세우게 됩니 다. 그다음 의사는 치료 방법을 말해 주고 우리는 병의 퇴치를 위해 모든 노력을 기울이게 됩니다道諦. 불교적인 입장에서 보면 우리 모 두는 고라는 병을 앓고 있는 병자들이고 4성제는 이 병의 진단에서 부터 치료 방법까지 한꺼번에 설명해 주는 교리가 아닙니까. 이와 같 은 내용을 잡아함경(389경)의 「양의경良醫經」에서 자세하게 설명하고 있습니다.[28]

싯다르타는 5비구들에게 4성제에 대한 내용을 며칠 동안 되풀이 해서 설명했습니다. 초전법륜에 대한 내용을 전하고 있는 거의 모든 경전들에 의하면 4성제를 세 번씩 12단계로 설명했다고 합니다.[29] 그 러나 이와 같은 4성제의 삼전십이행법三轉十二行法은 상당히 복잡하 고 발전된 내용인 것으로 보아 뒷날 만들어져 『초전법륜경』에 추가

된 것이 틀림없어 보입니다. 끄샤뜨리야 출신으로 출가 전에 종교나 철학 분야에 대한 교육이 거의 없었을 싯다르타가 정각을 이룬 지 얼마 되지 않아 그와 같이 정교한 교리 체계를 세울 수 있었을까요.[30] 게다가 몇몇 경전과 율장에서는 싯다르타 자신도 4성제를 3전轉 12 행行 해서 정각을 이루었다 말하고 있는데,[31] 도대체 누가 그에게 4 성제를 설명해 주었으며示相轉, 그것을 실천하라고 권했겠습니까勸相 轉. 게다가 5비구들을 위해서 무엇 때문에 그렇게 복잡한 설명이 필 요했겠습니까. 앞에서 말한 것처럼 간단하고 소박한 내용과 방식으 로 그들을 가르쳐 설득하고 이해시킬 수 있지 않았습니까. 한 가지 분명한 사실은 설명 방법이 단순하건 또는 복잡하건 간에 첫 설법 의 내용이 4성제였다는 것입니다. 이 사실은 초전법륜 내용을 전하 고 있는 12종의 경전과 율장 가운데서 두 곳을 제외하고는 모두 일 치합니다.[32]

지안 스님, 이야기를 계속하기 전에 먼저 한 가지 밝혀 두어야 할 사 실은 최초의 설법 이야기를 전하고 있는 이들 많은 경전과 율장 가 운데서 남전율장 한 곳(「大品」, 마하박가」)을 제외하고 다른 곳에서는 모두 5비구를 비롯한 첫 제자들이 "법을 깨쳤다."라는 말만 하고 있 을 뿐, 그 깨친 내용에 대해서는 언급하지 않고 있다는 것입니다.[33] 좀 아쉽고 실망스럽지 않습니까. 다행히 '첫 설법 사건'에 대해서는 언 급하지 않지만 정각 내용을 설하고 있는 경전들이 있습니다. 이들 경 전 덕택으로 싯다르타가 깨친 내용을 좀 더 잘 알 수 있습니다.

다시 첫 설법 이야기로 돌아가겠습니다. 싯다르타의 가르침을 듣고 있던 어느 순간 5비구 중 한 사람인 교진여에게 법안法眼, 즉 '법을 보는 눈, 진리에 대한 이해'가 생겼다고 합니다. 그는 법안이 생기자마자 곧 "(인연을 따라) 모여서 생긴 것은 (인연을 따라) 모두 소멸한다."라는 이치를 깨닫게 되었습니다. 싯다르타는 교진여 역시 진리를 깨닫게 되었다는 것을 알고는 너무나 기뻐서 "아아, 교진여는 깨달았다悟! 아아, 교진여는 깨달았다!"라고 거듭 감탄의 소리를 질렀습니다.[34] 『사분율장』에서도 같은 내용이 나옵니다. "교진여는 알았구나憍陳如已知! 교진여는 알았구나!"라고 싯다르타는 찬탄을 했습니다.[35] 지난번 편지에서 말했듯이 교진여는 이후부터 항상 '깨달은 교진여'라는 의미에서 '안냐따 꼰단냐Aññata Kondañña'라고 불리게 되었습니다. 한역漢譯에서는 이것을 아야 교진여阿若 憍陳如라고 음역했지요.[36] 교진여의 뒤를 이어 똑같은 과정을 거쳐 네 명의 다른 비구들도 차례로 깨달음을 이루게 되었습니다. 싯다르타는 그들도 자신과 똑같이 법을 깨달았다는 것을 인가해 주었습니다.

그러고 나서 5비구들은 출가 수계를 원했습니다. 싯다르타는 그들에게 "오너라 비구들아. 내가 이미 법을 잘 설해 놓았다. 바르게 고苦를 소멸시키기 위해涅槃 수행을 하여라."라고 말했습니다.[37] 『사분율장』과 『오분율장』에서도 같은 내용입니다.[38] "오너라 비구야. 계를 받아라. 내가 (이미) 잘 설해 놓은 법으로써 모든 고를 없애기 위해 범행을 닦아라." 이 한마디가 수계였습니다. 아시다시피 이때는 아직 계율이 정해지지 않았습니다. 역시 교단도 형성되지 않았기 때문에

3보三寶에 귀의하는 것조차 생각할 수 없었습니다.

지안 스님, 지금까지 보아 온 것이 첫 설법의 장면으로서 싯다르타가 성취한 깨달음의 내용을 바깥으로 표현한 최초의 경우입니다. 이 부분에 대해 번거로움을 무릅쓰고 비슷한 내용을 되풀이하기도 하고, 자세한 주註를 단 이유는 초기 문헌에 나오는 초전법륜과 깨달음에 대한 실상을 경전과 율장에 나오고 있는 그대로 스님에게 보여주고 싶어서였습니다.

첫 설법이 있은 뒤 얼마 지나지 않아 바라나시의 한 장자 아들 야사耶舍와 그의 친구들 네 명, 그리고 다시 50명의 다른 친구들도 싯다르타로부터 4성제에 대한 가르침을 듣고 그 자리에서 "(인연을 따라) 모여서 생긴 것은 (인연을 따라) 모두 소멸한다."라는 이치를 이해하게 되었습니다. 역시 싯다르타는 그들이 '깨달았다'는 것을 인가해 주었습니다. 그들도 모두 출가하고 수계를 했습니다.[39] 이로부터 얼마 지나지 않은 일이지만, 싯다르타의 첫 설법에 참석했던 다섯 명의 비구들 가운데 한 사람이었던 아슈바짓阿說示과 뒷날 붓다의 제일 큰 제자가 된 사리뿟뜨라 사이에 있었던 대화를 통해서도 싯다르타가 깨달은 내용을 알 수 있습니다.

사리뿟뜨라는 어느 날 아침 탁발하러 나온 아슈바짓을 라자그리하 거리에서 만났습니다. 그에게 "그대는 누구이며, 스승의 이름은 무엇이며, 어떤 진리를 배웠습니까?"라고 물었습니다. 아슈바짓은 "나는 나이가 어리고 출가한 지도 오래되지 않았기 때문에 그 이치를 잘 설명할 수 없습니다. 간략하게 그 요점만을 말하겠습니다."라고 하면서 다음과 같이 설명했습니다. "(모든 것은) 인연을 따라 생긴다. (부처님은 그 원인을 설하셨다.) (모든 것은) 인연을 따라 소멸한다. (이 것이 부처님의 가르침이다.)" 아슈바짓 비구가 말한 내용은 얼마 전 자신이 녹야원에서 싯다르타로부터 깨달았다고 인가받은 그대로입니다. 사리뿟뜨라는 이 법문을 듣고 법안을 얻어 곧 "(인연을 따라) 모여서 생긴 것은 (인연을 따라) 모두 소멸한다."라는 이치를 깨닫게 되었다고 합니다.[40]

싯다르타는 자신이 깨달은 진리를 '연기법緣起法'이라고 불렀습니다. 잡아함경(299경)에서 싯다르타는 제자들에게 "연기법은 내가 만든 것도 아니고 역시 다른 사람이 만든 것도 아니다. 그것은 나如來가 세상에 나오거나 세상에 나오지 않거나 진리의 세계法界에 항상 존재하고 있다. 나는 이 진리를 스스로 깨달아 정각等正覺을 이루었고, 모든 사람들을 위해 가르친다."라고 말하고 있습니다.[41] 중아함경(30경)에서는 "연기를 보면 법法, 진리을 보고 법을 보면 연기를 본다."라고 하여 싯다르타가 발견한 진리가 연기법이라는 것을 좀 더 간략하게 나타내고 있습니다.[42]

마침내 잡아함경(335경)과 중아함경(86경) 등 여러 곳에서는 이 연기법의 설명을 이렇게 정형화했습니다. "이것이 있기 때문에 저것이 있고, 이것이 생기기 때문에 저것이 '생긴다'. 이것이 없기 때문에 저것이 없고, 이것이 소멸하기 때문에 저것이 '소멸한다'."[43] 여기에서

"이것이 있기 때문에 저것이 있고, 이것이 생기기 때문에 저것이 생긴다."라는 구절로써 '존재의 발생'을, 그리고 "이것이 없기 때문에 저것이 없고, 이것이 소멸하기 때문에 저것이 소멸한다."라는 구절로써 '존재의 소멸'을 설명하고 있지 않습니까. 이것은 첫 제자들인 교진여를 비롯한 5비구와 야사의 친구들 54명이 싯다르타로부터 배워 깨달았던 진리의 내용인 "(인연을 따라) 모여서 생긴 것은 (인연을 따라) 모두 소멸한다."라는 것과 글자 몇 개만 다를 뿐 내용은 똑같다는 것을 알 수 있습니다.

지안 스님, 지금까지 길게 말한 것을 한마디로 간추려 보면 다음과 같습니다. (1) 싯다르타의 첫 가르침은 중도와 4성제였다. (2) 제자들은 4성제에 대한 설명을 듣고 "(인연을 따라) 모여서 생긴 것은, (인연을 따라) 모두 소멸한다."라는 원리를 이해하게 되었다. (3) 싯다르타는 이 원리를 이해한 사람을 깨달음을 성취한 사람이라고 인가해 주었다. (4) 싯다르타는 이 원리를 연기법이라 불렀고, 이것은 존재의 이법理法으로서 진리의 세계法界에 항상 존재하고 있다고 했다. (5) 제자들은 깨달음을 이루기 위해 계戒를 받고 수행을 한 것이 아니라 반대로 먼저 깨달음을 이룬 다음 고苦를 소멸시키기 위해, 즉 열반을 성취하기 위해 계를 받고 출가한 뒤 수행을 했다.

지금까지 추구한 바에 의하면 싯다르타의 정각 내용이란 "생긴 것은 모두 소멸한다."라는 존재諸法의 보편적인 원리였습니다. 이 원리를

'깨쳤다'는 것은 이 원리를 '이해했다'는 것이었습니다. 싯다르타의 최초 제자들은 이 원리를 이해하기 위해서 특별한 수행이나 노력을 하지 않았습니다. 단지 4성제에 대한 설명을 듣고 바로 그 자리에서 연기법을 이해했습니다.[44] 최초의 제자들이 모두 "4성제를 이해함으로써 연기법을 이해하게 되었다."라는 사실은 좀 뜻밖이지요. 지난번에 스님이 복사해서 보내 준 자료들, 첫 설법을 내용으로 한 12종의 경과 율장의 이본들을[45] 그동안 모두 세밀하게 비교 검토하면서 '4성제의 이해와 깨달음'에 대해 여러 가지로 생각해 본 후 나름대로 이렇게 정리했습니다.

즉 5비구들과 바라나시의 야사를 비롯한 55명의 청년들은 4성제의 각 제諦에 대해 깊은 관찰과 이해를 하면서 "이전에 결코 들어 보지 못했던 진리法에 대한 눈을 뜨게 되었고, 그 결과 고苦는 여러 가지 원인이 모여서 생기고, 그 원인들이 사라지면 고도 사라진다."라는 원리를 이해할 수 있게 되었을 것입니다. 여기에서 한 걸음 더 나가서 "(인연을 따라) 모여서 생긴 것은 (인연을 따라) 모두 소멸한다."라는 존재의 근원적인 이치까지 이해할 수 있게 되었을 것입니다.

초기 경전에서 볼 수 있는 '싯다르타의 깨달음'의 내용은 일반적으로 사람들이 생각하고 있는 것과는 상당히 다르지요. 대승불교에서 말하는 깨달음과는 아주 다르지 않습니까. 대부분의 사람들은 내가 정리한 내용에 대해 반신반의할 것입니다. 심지어 화를 낼 사람도 있을 것입니다. 왜냐하면 싯다르타의 정각 내용이 '대단한 그 무엇'이라고 생각하고 있었는데, '너무나 시시한 내용'인 것처럼 말하고 있기 때문입니다. 그러나 이 '너무나 시시한 내용'이 인류 역사를 바꾸어 놓은 '진리'가 된 것 아닙니까. 이야기가 벌써 너무 길어졌습니다. 그러나 아직도 할 말은 남아 있습니다. 다음 편지에서 계속해야겠습니다. 호진 합장.

우리는
붓다입니까?
::

지안 스님, 지난번 편지에서 깨달음에 대한 이야기가 너무 길었지요. 스님도 이미 잘 알고 있는 내용까지 지나치게 자세하게 말해서 지루했을 것이라 생각합니다. 그러나 싯다르타가 깨달음을 성취한 이 보드가야에 와 있으면서 깨달음에 대해 다시 한 번 깊이 생각해 보는 것이 무엇보다 중요한 일 아니겠습니까. 새삼스럽지는 않지만 지금까지 알고 있다고 생각해 온 사실들에 대해 여러 가지 의문이 생깁니다. 수십 년 동안 불교를 연구해 왔으면서도 가장 기초적인 것조차 제대로 정리하지 못하고 있는 자신을 발견하고 때로는 좌절감을 느끼기도 합니다. 그러나 의문을 풀 수 있는 가장 좋은 방법은 의문을 제기하는 것이라고 생각합니다. 제기된 의문은 언젠가는 풀릴 수 있을 것이기 때문입니다. 내가 지금까지 스님에게 말한 것, 그리고 앞으로 말할 것은 답이 아니라 의문의 제기이기도 합니다.

지난번 편지에서 끝내지 못한 '깨달음'에 대한 이야기를 계속하겠습니다. 초기 경전에 의하면 '깨달았다'는 것은 존재의 이법理法인 연기법을 '이해했다'는 것이었습니다. '깨달았다', '정각을 성취했다', '무상정등정각을 이루었다'고 말하면 성스럽고, 경건하고, 미묘한 어떤 경지를 이룬 것처럼 보이지 않습니까. 그러나 '이해했다'라고 표현하면 좀 맥 빠진 느낌이 들지요. 그러나 싯다르타가 '깨달은 진리'인 연기법을 위해서는 현대적인 표현으로 '이해했다'고 하는 말이 알맞을 것 같습니다. "모든 존재諸法는 '(인연을 따라) 모여서 생기고 (인연을 따라) 모두 소멸한다'는 이치를 이해했다."라고 표현한다고 해서 무엇이 잘 못이겠습니까. 무상정등정각, 즉 '위없고無上 바르고 원만한正等 깨달음正覺을 이루었다'고 하는 것이 오히려 어색하고 과장스럽게 생각됩니다.

깨달음에 대해 어원적으로 한번 생각해 보아야겠습니다. 싯다르타가 보드가야의 '보리수 아래에서 깨달음을 이루었다'는 것만으로는 그 내용이 무엇인지 우리는 알 수 없습니다. 정각의 내용이 최초로 표현된 것은 녹야원에서 다섯 명의 도반들에게였지요. 그들 가운데 교진여가 제일 먼저 싯다르타의 정각 내용을 깨치게 되었고, 싯다르타는 '교진여가 깨쳤다'는 것을 인가해 주지 않았습니까. 그때부터 교진여는 '깨친 교진여'라는 의미에서 Aññāta Koṇḍañña阿若 憍陳如라고 불리게 되었다는 것은 지난번 편지에서 말했습니다.

여기에서 관심의 대상이 되는 것은 '안냐따Aññāta'라는 말의 정확한 의미입니다. 초전법륜을 전하고 있는 12종류의 경전과 율장에서 이 말이 어떻게 번역되고 있는지 꼼꼼하게 검토해 보았습니다. 거의 모든 한문 역경자들은 Aññāta를 '이해하다'와 '알다'의 의미로 '解' 자와 '知' 자를 사용해서 "교진여는 법을 알았다憍陳如知法.", "교진여는 법을 이해했다憍陳如解法."라고 번역했습니다. '알다知'라고 번역한 곳은 『

전법륜경』(잡아함경), 『사분율장』, 『보요경』, 『불본행집경』 네 곳이고,[46] '이해하다解'라고 번역한 곳은 『삼전법륜경』, 『오분율장』, 『과거현재인과경』 세 곳입니다.[47] 그리고 증일아함경과 『방광대장엄경』에서는 각각 체법逮法, 요달법了達法이라고 번역했습니다.[48] '체법'과 '요달법'이라는 말은 분명하게 이해가 되지 않습니다. 그러나 이 두 말의 의미는 '정각正覺'보다는 '지법知法' 또는 '해법解法'에 가까울 것 같습니다. 『남전대장경』의 율장은 1938년에 일본어로 번역되었는데 Aññata를 '깨닫다'라는 의미로 '오悟'라고 번역했고, 일본의 현대 불교 학자들은 대부분 이것을 따르고 있습니다.[49] 『전법륜경』(no.109)과 『라마경』(중아함경 204경)에는 교진여의 이름과 관련된 내용이 없습니다.

Aññata라는 말을 빨리어 사전에서 찾아보았습니다. 이것은 원형이 Jānāti로서 'to know', 'to understand'라고 되어 있습니다.[50] 즉 '알다', '이해하다'라는 의미로서 한문 번역의 '知' 또는 '解'와 같은 내용입니다. 12가지 이본 『초전법륜경』 가운데서 Aññata라는 말 대신 '깨닫다'라는 의미를 가진 'Bodhi'나 '각覺' 자를 사용한 경우는 한 곳도 없습니다.

현대 일본 불교 학자들이 깨달음의 의미를 가진 '오悟' 자를 사용하고 있지만, 이것은 아마도 그들이 일본 불교의 시작에서부터 '覺'이라는 말에 익숙해져 있었기 때문에 '知' 자나 '解' 자를 사용하기가 어색해서 또는 불편해서 '悟' 자를 택한 것이 아닐까라는 생각이 들기도 합니다. Aññata라는 말이 '깨닫다Budhi, to awaken'라는 의미보다는 '알다, 이해하다'라는 의미에 가깝다는 것을 빨리어에 능통한 일본 학자들이 몰랐을 리가 없겠지요.

싯다르타는 정각을 이룬 뒤 자신이 깨달은 진리가 매우 어려운 것이 기 때문에 세상 사람들이 그것을 이해할 수 없을 것이라 생각하고 아무에게도 가르치지 않기로 했지 않습니까. 그러나 하늘에 있던 범천이 간곡하게 청했기 때문에 자신의 결심을 바꾸었지요. 이 이야기는 이미 지난번 편지에서 했습니다.

　그런데 싯다르타가 우려했던 것과는 달리 사람들은 모두 어려움 없이 싯다르타의 '깨달은 진리'를 이해했습니다. 5비구들은 그렇다 치고 종교나 수행과는 관계가 없었던 바라나시의 장자長者 가문 출신인 야사와 54명의 친구들까지도 싯다르타의 가르침을 듣고 모두 그 자리에서 이해하지 않았습니까. 그렇게 되자 싯다르타는 처음에 주저했던 것과는 달리 자신감을 얻었던 것 같습니다. 첫 제자들이 된 60명에게 "비구들아, (모든 사람들을 위해) 전도를 떠나거라. … (그들의 행복을 위해) 진리와 범행梵行, 청정한 수행을 가르쳐라. 나 역시 법을 설하기 위해 우루벨라의 세나니 마을로 가겠다."[51]라고 말하면서 그들을 사방으로 보내기까지 했습니다. 그런 다음 싯다르타는 얼마 전에 떠났던 보드가야(우루벨라)로 되돌아왔습니다. 자신이 이곳에서 고행을 하고 있었을 때 근처에서 큰 무리를 이루어 수행하고 있던 까샤빠 3형제와 그들의 제자 1,000명을 가르치기 위해서였습니다. 불과 얼마 전, 반신반의하면서 초라한 모습으로 다섯 명의 도반을 만나러 녹야원으로 갔던 때의 상황과는 얼마나 달라졌습니까.

까샤빠迦葉 3형제와 그 제자들은 수행 경력에 있어 싯다르타의 대선배들이었다고 할 수 있을 것입니다. 그런데도 그는 단신으로 그들에게 도전하기로 했습니다. 이 사실은 무엇을 말하는 것입니까. 싯다르타는 녹야원과 바라나시 근처에서 거두었던 성공으로부터 상당한 자신감을 얻게 되었던 것 아니었을까요. 우여곡절이 있었지만 결국 그들도 싯다르타의 가르침을 이해하고 모두 그에게 귀의해서 제자가 되었습니다. 그런 다음 라자그리하로 가서 당시 여섯 명의 유명한 사상가 중 한 사람이었던 산자야의 두 제자, 사리뿟뜨라와 목갈라나를 비롯한 200여 명의 수행자들을 제자로 만들었습니다. 이제 깨달은 사람은 1,260명이 되었습니다.

지안 스님, 많은 경전 첫 머리에 "부처님은 (어디에서) 1,250명의 대비구大比丘 무리들과 함께 계셨다."라는 구절이 나오지 않습니까. 예불문에도 '영산당시 수불부촉受佛咐囑 10대 제자 … 내지 1,200 제 대아라한諸大阿羅漢'이라는 말이 나옵니다. 이들 '1,250명 대비구 무리' 또는 '1,200명 대아라한'들은 다른 사람이 아니라 위에서 본 첫 제자들 1,260명을 가리키는 것이라고 현대 학자들은 말합니다.[52] 싯다르타-붓다가 설한 많은 경전의 증인으로 삼았고, 법을 보호하고 전파할 임무를 맡았다咐囑는 1,250명 또는 1,200명의 이 대아라한들은 모두 4성제에 대한 설법을 듣고 "모여서 생긴 것은 모두 소멸한다."라는 간단한 존재의 원리를 이해한 것으로 정각을 이루었습니다. 역시 그 자리에서 무아無我에 대한 설법을 듣고 '집착이 사라져 모든 번뇌에서 해탈함으로써' 아라한이 된 사람들입니다. 경전에서는 제자들이 깨달음을 성취하고 번뇌에서 해탈할 때마다 "이 세상에 아라한은 여섯 명이 되었다, 일곱 명이 되었다, 열한 명이 되었다, 61명이 되었다."라고 말하고 있습니다.[53]

그들이 모두 이 별것도 아닌 연기법을 이해한 것만으로 '깨달았다'고 인가를 받은 사람들이라니 믿기 어렵지 않습니까. '별것도 아닌'이라고 말한 내 표현이 너무 거칠지요. 그러나 내가 연기법을 '별것도 아닌 것'이라 생각하고 있지 않다는 것을 스님은 누구보다도 잘 알고 있으리라 믿습니다. '모여서 생긴 것은 모두 소멸한다'는 이 연기법은 단순한 존재의 원리인데 이것을 '난견난해難見難解하고 심심미묘甚深微妙한 법'이라 하고, 이 법을 이해한 것을 '무상정등정각'이라고 거창하게 표현하는 것이 좀 못마땅해서 일부러 '별것도 아닌'이라고 말해 본 것입니다.

사람들은 연기법이라고 하는 진리가 보통 사람이 설명을 듣고 그 자리에서 곧 이해할 수 있는 간단하고 쉬운 내용이기 때문에 싯다르타의 첫 제자들이 이해한 연기법과 우리가 이해하는 연기법이 다른 것이라고 생각하기도 합니다. 역시 첫 제자들은 '몸으로 이해했지만體得' 우리는 단지 머리로 이해했기 때문에 '이해했다'고 해도 차원이 다르다고 말하기도 합니다. 그러나 초기 경전상으로는 우리가 위에서 읽고 이해한 그대로입니다. 거기에 다른 생각이나 토를 달 이유가 없을 것입니다.

잡아함경(12권 288경)에서는 이 연기법을 갈대를 가지고 설명한 곳도 있습니다. "비유하면 세 개의 갈대가 빈 땅에 서려고 할 때는 서로 의지해야 설 수 있는 것과 같다. 만일 (그 가운데) 한 개를 제거해 버리면 두 개의 갈대는 서지 못하고, 만일 두 개를 제거해 버리면 한 개의 갈대는 서지 못한다. (세 개의 갈대는) 서로 의지相依해야 설 수 있다." 이 비유에서 설명하고자 하는 것은 오로지 한 가지 사실입니다. 즉 세 개의 갈대 가운데서 어느 한 개라도 홀로는 설 수 없다는 것, 다른 두 개의 갈대가 함께 있어야만 설 수 있다는 것 아닙니까. 이것은 "이것이 있기 때문에 저것이 있다."라는 것이지요. 반대로 세 개의 갈대 가운데서 한 개라도 없어지면 다른 두 개의 갈대는 설 수 없다는 것, 즉 "이것이 없기 때문에 저것도 없다."라는 것 아닙니까. 이 갈대의 비유를 이해하지 못할 사람이 있겠습니까! 이 비유 속에 '난견난해하고 심심미묘'한 어떤 숨은 의미가 있다고 생각해야 할까요.

되풀이해서 말하지만 연기법의 의미는 모든 존재 또는 모든 것이 서로 관계를 가짐으로써 성립할 수 있다는 것相依相存, 그 관계가 깨어질 때 존재도 사라지게 된다는 것입니다. 이것은 '관계성의 법칙'으로서 존재의 이법理法, 원리와 법칙을 말하는 것 아닙니까. 지안 스님, 도대체 이 간단한 연기법을 이해하기가 무엇이 그렇게 어렵다는 것인지요. 현대의 우리는 2,500여 년 전 인도의 갠지스 강 중류 지방에 살고 있던 보통 사람들보다 철학이나 종교와 같은 사변적인 교육을 훨씬 더 많이 받았습니다. 연기법과 같은 이론을 그들보다 더 깊고, 더 확실하게 이해할 수 있다고 생각합니다.

몇 년 동안 수행 경력이라도 있었던 5비구들은 그렇다 쳐도, 야사나 그의 뒤를 따라 출가했던 바라나시 청년들 54명도 싯다르타의 가르침을 받고 즉시 그 자리에서 이해할 수 있었다는 연기법을 지안 스님이나 내가 이해하지 못한다고 생각할 수 있겠습니까. 우리가 하고 있는 연기법에 대한 이해는 싯다르타의 첫 제자들이 했던 연기법의 이해와 동일한 것이라고 생각합니다. 이것은 자만심에 차서 하는 말이 아닙니다. 그렇다면 우리도 그들처럼 깨달은 자, 즉 '붓다'입니까?

이 질문에 대해 답하기 전에 먼저 다른 이야기를 좀 해야 할 필요가 있습니다. 지난 편지에서 이미 말한 것이지만 싯다르타가 출가해서 수행한 목적은 오직 한 가지였습니다. 즉 자신의 고苦 문제 해결이었습니다. 성도 후 45년이라는 긴 세월 동안 사람들을 가르친 것도 오로지 고 문제의 해결을 위해서였습니다. 싯다르타-붓다의 가르침의 시작과 끝은 '고와 고에서의 해방'이었습니다. 그는 이것을 단 한마디로 "나는 단지 고와 고의 소멸涅槃만을 가르친다."라고 표현했습니다.[55] 다른 곳에서는 "모든 바닷물은 오직 한 가지 맛, 즉 짠 맛이다. 나의 가르침法과 律 역시 오직 한 가지 맛, 즉 해탈涅槃 맛이다."라고 비유를 들어 설명하고 있습니다.[56]

약간 후기 경전이긴 하지만 『나선비구경那先比丘經』에서는 이것보다 더 구체적으로 설명합니다. "불교 경전에서 말하는 모든 좋은 것은 오로지 모든 고를 제거하기 위한 것이다." 그리고 비유를 들고 있습니다. "어떤 왕이 전쟁을 하기 위해 4종의 군대象, 馬, 車, 步兵를 일으킬 때 오직 한 가지 계획意만 가지고 있다. 즉 적군을 공격해서 무찌르는 것이다. 마찬가지로 불교 경전에서 말하는 모든 것은 오로지 모든 고를 공격해서 제거하는 것이다.[57] 그렇다면 이 연기법이 싯다르타가 해결하고자 했던 고 문제와 무슨 관계가 있었으며 실제로 그가 연기법으로 어떻게 고 문제를 해결했을까요. "이것이 있기 때문에 저것이 있다."라든지 또는 "이것이 없기 때문에 저것이 없다."라고 하는 이 단순한 원리가 고의 문제를 해결하는 데 어떤 역할을 했겠습니까.

연기법의 입장에서 보면 고苦의 고유성은 인정될 수 없습니다. 고는 스스로 존재하는 것도 아니고 우연히 존재하는 것도 아닙니다. 인간을 벌주기 위해서 어떤 신이 만든 것도 아닙니다. 고는 스스로 또는 우연히 사라지거나 역시 신 같은 존재가 그것을 없애줄 수 있는 것도 아닙니다. 고는 그것을 발생시키는 원인 때문에 생긴 것입니다. 그래서 그 원인을 제거해 버리면 고가 사라질 것은 당연한 일 아닙니까. 이것을 장아함경의 『대본경大本經』에서 "고는 성인들이 만든 것이 아니다. 역시 인연 없이 (홀로) 존재하는 것도 아니다. 그러므로 변하는 (성질의) 이 고를 지혜로운 사람은 끊어 없앤다."라고 설명하고 있습니다.[58]

싯다르타는 자신이 해결하고자 했던 고 문제를 연기의 원리에 따라 해결할 수 있었습니다. 그는 먼저 고를 발생시키는 원인을 추구한 뒤 그 원인을 제거함으로써 고에서 벗어날 수 있었던 것입니다. 그것이 열반이었습니다. 연기법은 그 자체로서 의미가 있는 것이 아니라 그것을 응용해 우리의 고 문제를 해결할 수 있기 때문에 의미를 가지게 되는 것 아니겠습니까. 연기법 자체만으로는 우리가 이해했다한들 그것이 도대체 우리와 무슨 상관이 있겠습니까.

싯다르타는 자신의 문제를 해결한 것으로 만족하지 않고 다른 사람을 위해 연기법을 바탕으로 여러 가지 설명과 방법들을 만들어 내었습니다. 사람들의 지혜의 수준이나 성향, 그들이 처해 있는 상황이 달랐으므로 그것에 맞추기 위해 다양한 설명이 필요했던 것입니다. 이것이 불교에서 많은 교리들이 있게 된 이유 아닙니까. 무아無我·무상無常·공空의 교리가 그것이고, 4성제·12연기도 마찬가지입니다. 연기법은 모든 불교 교리의 사상적, 이론적 근거가 되었습니다. 싯다르타의 가르침은 그 설명이나 형태가 어떠하든 간에 모두 연기법을 그 근거로 삼고 있습니다.

불교의 모든 교리는 연기의 원리를 바탕으로 해서 만들어진 응용 이론입니다. 왜 제행諸行은 무상이고 제법諸法은 무아이겠습니까. 그것들은 연기적緣起的이기 때문에 무상이고 무아가 아닙니까. 4성제에서 "고는 그것을 발생시키는 원인 때문에 생긴다."라는 것集聖諦은 연기법의 "이것이 생기기 때문에 저것이 생긴다."라는 것에 해당하고, "원인을 제거하면 고도 사라진다."라는 것滅聖諦은 "이것이 소멸하기 때문에 저것이 소멸한다."라는 것이지요. "무명無明 때문에 행行이 있고, 행 때문에 식識이 있다. … 무명이 없으면 행이 없고 행이 없으면 식이 없다."는 12연기법도 마찬가지 원리가 아닙니까.

여기에서 우리가 다시 한 번 분명하게 인식해야 할 것은 불교의 궁극 목적은 '깨달음'이 아니라 '열반'이라는 사실입니다. 깨달음은 '수단'이고 열반이 '목적'이라는 것입니다. 연기법은 싯다르타가 성취한 깨달음의 '내용'이고, 열반은 연기법을 응용해서 고 문제를 해결한 '결과'입니다. 깨달음은 '이해의 영역'이고 열반은 '체험의 영역'입니다. 싯다르타 자신도 분명히 말했듯이 연기법은 자신이 이 세상에 출현하건 하지 않건 관계없이 진리 자체로서 존재하는 것입니다.[59] 싯다르타는 그것을 발견理解했을 뿐입니다. 그러나 열반은 그 자체로서 존재할 수 없습니다. 싯다르타와 그 제자들이 열반을 성취하지 못했다면 그와 같은 '체험의 세계'는 존재할 수 없을 것이기 때문입니다.

지안 스님, 우리는 수행의 목적이 깨달음을 이루기 위한 것, 즉 성불하기 위한 것이라고 확신하다시피 하고 있지 않습니까. 그러나 싯다르타의 첫 제자들의 경우를 보면 깨닫기 위해서, 즉 연기법을 이해하기 위해서는 수행이 따로 필요하지 않았습니다. 5비구들은 두고라도 종교와 관계가 없었던 야사와 그의 많은 친구들조차도 싯다르타의 설법을 듣고 그 자리에서 모두 깨닫지 않았습니까. 그러나 깨달음이 끝이 아니라 반대로 시작이었습니다. 그들은 깨달음을 성취한 뒤에, 즉 연기법을 이해한 뒤에 수행을 시작했습니다. 그래서 출가와 수계를 원했던 것입니다. 싯다르타는 그들에게 "오너라 비구들아. 내가 이미 법法을 잘 설해 놓았다. (그리고 너희들은 그것을 잘 이해했다. 이제부터) 바르게 고苦를 소멸시키기 위해 (즉 열반을 이루기 위해) 수행梵

行을 하여라."라고 말했습니다. 아시다시피 그들은 평생 동안 수행을 하지 않았습니까. 따라서 수행이란 깨달음正覺을 성취하기 위한 것이 아니라 '열반을 이루기 위한 노력'이라고 해야 옳을 것입니다.

지안 스님, 위에서 "우리도 연기법을 이해했으므로 '깨달은 자', 즉 붓다인가?"라고 자신에게 했던 질문에 대한 답은 다음과 같은 것이 될 수 있겠습니다. "싯다르타의 깨달음의 내용이 연기법이었고 첫 제자들이 그것을 이해한 것만으로 '깨달았다'라는 인가를 받았다면 우리도 (진리를) 깨달은 자, 붓다이다."라고요. 논리적으로는 이와 같은 답에 잘못이 없을 것입니다. 그들과 다른 점은 고를 소멸시키기 위해 우리들이 그들처럼 진지한 '수행'을 하고 있지 않다는 것 아닐까요.

이미 편지가 너무 길어졌습니다만, 한 가지 짚고 넘어가야 할 문제가 있습니다. 여기서 말하지 않으면 기회가 없을 것이라 생각되기 때문입니다. 우리는 연기법이라고 하면 일반적으로 12연기법을 생각하지 않습니까. 그러나 "이것이 있기 때문에 저것이 있고, 이것이 없기 때문에 저것이 없다."라고 하는 '연기법'과 "무명 때문에 행이 있고 행 때문에 식이 있고…"라는 '12연기법'은 다르다는 사실입니다. 대부분의 사람들은 이 두 가지 연기법의 차이를 인식하지 못하고 있는 것 같습니다. 내 생각을 간단하게 말해 보겠습니다.

첫째, 12지支 연기법처럼 지수支數를 가진 연기법은 아함경에서 내가 직접 확인한 것만 해도 5지 연기에서 12지 연기까지 8종류나

됩니다.[60] 13지 연기는 없습니다. 이 사실에서 우리는 지수를 가진 연기법이 처음에 5지나 6지처럼 단순했다가 시간과 더불어 발전해서 12지로 완성되었다는 것을 알 수 있습니다. 따라서 12지 연기법은 싯다르타가 보드가야의 보리수 밑에서 어느 날 새벽 한순간에 깨달은 그 연기법과 같은 것이 아니라는 사실입니다.

둘째, 12지 연기법은 무생물뿐 아니라 식물이나 인간 이외의 다른 동물, 특히 하등 동물에게는 적용될 수 없다는 것입니다. 예를 들면 바위나 나무의 발생과 소멸을 '무명 때문에 행이 있고…, 6입六入, 눈·귀 등 여섯 개의 감각 기관 때문에 촉이 있고…'라는 12연기법으로 설명할 수 없지 않습니까. 역시 여섯 개의 감각기관을 가지고 있지 않은 지렁이와 같은 하등 동물에게도 12지 연기법을 적용할 수 없습니다. 이 12지 연기법은 오직 인간에게만 해당되는 것이고, 그것도 '고苦의 발생과 소멸' 문제를 설명하기 위한 교리일 뿐입니다.

12지 연기법으로써 과거·현재·미래 등 3세世의 인과因果를 설명하는 삼세양중인과설三世兩重因果說도 인간에게만 해당되는 교리입니다. 게다가 이 인과설은 싯다르타의 열반 후 상당한 시간이 흐른 뒤 설일체유부라는 부파에서 만든 교리라고 합니다.[61] 이 교리는 붓다가 직접 가르친 12연기법과 형식은 같지만 내용은 다른 것입니다.

한마디로 말해서 12지 연기법은 모든 존재諸法에 적용될 수 있는 '보편적인 원리'가 아니라는 것입니다. 따라서 이 연기법은 다른 교리들, 즉 무상·무아·공·4성제와 같은 중심 교리들의 바탕이 될 수 없습니다. 12지 연기법을 근거로 해서는 이 교리들을 설명할 수 없기 때문입니다. 그래서 12지 연기법은 다른 교리의 바탕이 되는 근본적인 원리가 아니라 다른 교리들처럼 응용 교리 중의 하나라고 생각하는 것입니다. 이것과는 달리 "이것이 있기 때문에 저것이 있고, 이것이 없기 때문에 저것이 없다."라는 '연기법'으로는 생물과 무생물을 가리지 않고 모든 존재의 발생과 소멸을 설명할 수 있습니다. 이것은 모든 불교 교리의 사상적, 이론적 근거가 된다는 것입니다.

지안 스님, 그곳 반야암의 솔바람과 계곡 물소리가 별천지의 풍경처럼 아득히 그리워집니다. 그런 곳에서라면 여름 감기에 걸려 며칠쯤 누워 있어도 행복할 것 같습니다. 보드가야에서, 호진 합장.

어디에도 없고,
어디에나 있는 알맹이
::

호진 스님, 이번 편지에서 말씀한 이야기들도 한 구절 한 구절 깊이 음미하면서 몇 번을 반복해 읽었습니다. 힘든 순례를 하면서도 무엇인가 불교의 소중한 진실을 찾아내려는 스님의 간절한 뜻이 글자마다 배어 있는 것 같았습니다.

　이번에 자세하게 쓴 깨달음 문제는 불교의 근본이고 핵심이지만 때로는 언급하지 말아야 할 '무엇'인 것처럼 회피되는 경향이 있는 주제입니다. 잘못했다간 많은 오해와 질타의 대상이 될 수 있기 때문입니다. 스님의 글을 읽다가 칸트의 『순수이성비판』에 나오는 한 구절을 생각하였습니다. "모든 것은 비판받아야 한다. 그런데 종교는 그 신성함을 내세워 비판을 피하려 한다. 그러나 그렇게 하면 종교 자체에 대하여 스스로의 의혹을 자초하게 된다. 그리하여 이성이 그 자유롭고 공정한 검증을 견뎌내는 것에만 허용하는 진정한 존경을 요구할 수 없게 된다." 왠지 스님의 글을 읽으면서 불교도 새로운 검증을 통해 왜곡된 부분을 바로잡아야 할 필요가 있지 않을까 하는 생각이 들었습니다. 이건 어디까지나 미래를 향한 불교의 발전책을 강구하자는 뜻에서, 역사 속에 변천되어 온 불교의 깨달음과 진리에 대한 이해 면에서 새로운 성찰을 시도하여 진실이 호도糊塗된 부분

107

이 있다면 그것을 바로잡는 것이 옳다고 여겨지기 때문입니다. 스님의 노력도 바로 이 점에 있다고 생각됩니다.

인간의 역사는 참으로 많은 문화의 전통을 수립하였지요. 그러나 전통이 되었다 해서 다 옳을 수는 없는 것이고, 또 그 모든 문화의 전통이 시대가 지나면 때로는 인간 문화의 진보에 역행하는 걸림돌이 될 수도 있다고 합니다. 가령 뉴기니아라는 나라에서는 오랜만에 반가운 사람을 만나면 상대방의 코를 잡아당기는 인사법이 있다고 하더군요. 비록 그 나라의 특수한 풍습일지라도 코를 잡아당기는 인사가 인사 문화의 큰 가치를 가진 하나의 모델로 길이 존속될 수는 없을 것입니다. 또 인도 힌두 문화의 한 갈래에서 나온 소를 숭배하는 풍습 때문에 소가 길에 드러누워 비키지 않을 경우 차를 몰고 가던 사람이 차를 멈춘 채 소가 비킬 때까지 기다린 일이 수십 년 전까지만 해도 실제로 있었다는 말을 들은 적이 있습니다.

불교 역시 문화적 배경이 나라와 지역에 따라 다르고, 부처님의 깨달음을 이해하는 차원 또한 역사의 흐름 속에서 시대와 지역에 따라 달라졌음이 객관적 사실이 되어버렸습니다. 수많은 불교의 전통과 문화 중에서 어떤 것이 교조가 깨달은 진리를 가장 올바르게 반영했는가 하는 점은 사상가들이 평가해야 할 문제이지만, 때로는 이것이 진부한 타성에 젖어 퇴색하는 불교의 쇄신을 위해 꼭 필요한 일로 여겨집니다.

2,600년의 역사를 가진 싯다르타의 깨달음이 붓다라는 인격을 상징

하는 것으로 부상되고부터 깨달음은 매우 다양한 개념으로 이해되었지요. 그러다 보니 깨달음 자체가 추상적 관념 속에 묻혀 정체가 애매모호해져 버린 느낌도 없지 않을 것입니다. 일본의 대학자 우이하꾸쥬宇井伯壽 박사가 한 책에서, 경전에 나오는 붓다의 깨달음 내용을 15가지나 나열하고 있다는 것은 매우 흥미롭습니다. 물론 불교의 교리가 발전해 오면서 구분된 대승과 소승의 깨달음에 대한 관점 차이가 있을 테고, 또 종파에 따라 내세우는 종지에 의거하여 설명하는 깨달음의 내용도 다양하다고 보아야겠지요. 여기에 스님의 말처럼, 초기 경전에 정각正覺이라는 말로 표현되는 깨달음의 구체적인 내용이 어떤 것인지 정확하게 파악되지 않는다는 점도 깨달음 자체의 이해를 모호하게 만드는 원인이라고 볼 수 있을 것 같습니다.

다만 스님은 근본 불교의 입장에서 깨달음의 내용이 무엇이었나 하는 점을 먼저 고찰해 보고자 하는 것 같습니다. 아시다시피 대승 경전에 묘사된 부처님의 세계는 매우 신비한 장엄 속에 인간이 동경할 수 있는 이상적인 경지를 온갖 상상력을 동원하여 펼쳐 놓았습니다. 때로는 깨달음이라는 것이 이렇듯 형이상학적인 차원에서 과장되게 수식되어야 하는 것인지에 대한 의문이 일었습니다. 물론 부처님의 세계를 비범하게 묘사하려는 방편적 수단이라고 생각되지만, 깨달음이 현실에서 체험할 수 있는 하나의 분명한 경험이라면 그 내용 역시 구체적인 상황 속에서 나올 수 있다고 생각합니다. 전에도 말한 바가 있습니다만, 대승 경전에서는 깨달음 자체를 의인화한 법신을 등장시켜 시공을 초월한 이야기들을 전개하는 경우가 대부분입니다. 부처님의 실제 인간적 활동과는 거리가 먼 매우 사변적인 이야기가 초역사적으로 서술되기 때문에 경험적으로 인식할 수 있는 구체성이 나타나지 않습니다. 굳이 말하자면 우리가 직접 체험하기 어려운 선험적先驗的인 이야기들이 너무 많이 서술되고 있기 때문에 깨달음이 동화 속의 그림 같은 관념의 세계가 되어버린다는 것이지요.

이 점은 초기 불교에서 깨달음을 설명하는 방식과는 차원이 다른 것으로 깨달음의 상황 설정을 아주 극적인 장면으로 나타내려는 과장된 수사가 들어가 있는 것 같습니다. 물론 선가禪家의 입장에서는 참구參究가 안 된 지해知解의 입장에서 깨달음을 설명한다는 것은 불가능하다고 하겠지요. "언어도단言語道斷이다. 심행처멸心行處滅이다."라고 하여, 말로써 설명할 수 없음과 생각으로써 추측할 수 없음을 강조하지 않습니까. 물론 대승 경전에서도 그런 말이 있습니다. 중국에서 찬술되었다고 알려진 경전인 『원각경』에서는 "사유심思惟心으로써 여래의 원각圓覺 경계를 헤아리는 것은 반딧불로 수미산을 태우려는 것과 같다."라고 하였습니다. 그러나 깨달음에 대한 생각을 금기시하면 사실 깨달음에 대한 상황 설정도 있을 수 없으며, 설령 대승 경전에서처럼 방편적인 수사를 쓴다 해도 인식의 차원에서는 도무지 종잡을 수 없는 이야기가 되어버릴 것입니다. 이것은 인간의 경험에서 나온 깨달음을 오리무중의 영역으로 보내버림으로써 경험할 수 없는 선험적인 것으로 추상화시키는 결과를 낳게 됩니다. 그리고 마침내 인간적 경험을 중시하는 불교의 근본 입장과는 거리가 먼 비불교적 영역으로 깨달음을 밀어 넣어 버리게 된다고 볼 수 있을 것입니다.

스님이 말한 바와 같이 불교의 근본 교리에 입각해서 볼 때 깨달음은 연기법의 이치를 알았다는 것으로, 이것을 앎으로써 자신의 괴로움을 벗어날 수 있었다는 것은 불교의 근본 정설이라고 생각됩니다. 매우 간명하며 깨달음에 대한 이해가 명확할 수 있습니다. 교법상으로는 대승불교에서도 이 근본 대의는 그대로 유지되고 있습니다. 그럼에도 불구하고 대승불교가 일어나면서부터 이 근본 정설에 대한 새로운 해석이 시도되고, 4성제나 연기법을 통하여 깨달음을 얻은 자들을 고의적으로 평가절하하기 시작합니다. 소위 성문聲聞이나 연각緣覺, 곧 2승乘들에게 소승이라는 다분히 불명예스러운 이름을 뒤집어씌우며 대승을 모르는 어리석은 수행자로 매도합니다. 참으로 아이러니컬한 일이지요.

　대승 경전의 최고봉이라 할 수 있는 『화엄경』이나 『법화경』 등에서는 한결같이 2승들을 부정합니다. 심지어 지혜제일이었던 사리불 같은 부처님 제자마저 대승을 알아듣지 못하는 귀머거리라 하였고, 『법화경』에서는 5,000명의 비구가 법화法華 법문을 알아들을 수 없어 부처님이 계시는 법회의 자리에서 퇴장하는 장면도 묘사되어 있습니다. 대승 경전에서 성문, 연각들을 폄하하는 것은 참혹할 정도입니다. 걸핏하면 '이 법(대승법)은 소승들이 알 바가 아니다'라고 말하고 있습니다. 물론 경우에 따라서는 아라한들을 대승으로 마음을 돌린 대아라한들이라고 부상시켜 대승의 통달자로 등장시키기도 하지요.

어떻든 대승불교에 와서 깨달음은 단순히 4성제와 연기법을 깨닫고 괴로움을 벗어난 2승들의 수행 정도로는 설명 부족이 되어버립니다. 왜냐하면 깨달음 자체는 무한한 능력이 나오는 것으로, 단순한 개인의 인격 제고提高가 아니라는 것입니다. 스님도 아시다시피 대승은 이념을 띠고 나온 새로운 사상이 되어버렸지요. 2승들을 평가절하한 이유는 혼자 깨닫고 혼자 해탈했다는 데 있습니다. 다시 말해 독선적 개인 수행에만 치중해서 남을 의식하지 않는다는 것입니다. 더 구체적으로 말하면 '사회성 결여'라는 치명적인 약점이 나타나는 수행자라 중생교화제도의 충분한 역할을 할 수 없어 이상적인 수도자상이 될 수 없다는 것이었습니다. 이리하여 대승의 전형적인 수행자상인 '보살'들을 새로 등장시키면서 성문과 연각의 2승들을 반쪽 수행자로 보게 되었습니다. 수행의 정도에 있어서도 2승들은 개인적인 무아인 인무아人無我만을 증득했을 뿐 객관에 대해서 아는 법무아法無我를 증득하지 못한, 즉 무아를 반쪽만 통달한 사람들이라는 것입니다. 그래서 대승 경전에서는 2승들을 아공我空만 증득하고 법공法空을 증득하지 못하였으니 대승이 되려면 법공을 증득해야 한다고 강조해 왔습니다.

언젠가 스님이 말한 바와 같이 대승은 초기 불교에서 볼 때 순수 불교라고 볼 수 없는 점이 많습니다. 힌두 사상이 흡수되었고 특히 밀교에는 순수 불교의 이단이라 할 정도로 힌두 사상이 강하게 스며 있으며, 중국의 선불교 역시 노장사상老莊思想에 물들어 버렸다는 것은 학자들이 일찍이 분석해낸 일 아닙니까. 말하자면 순수한 불교 본래의 모습이 비불교적인 요소의 가미에 의해 변색되었다는 것입니다. 특히 중국의 대승불교에 와서 종파 불교가 형성되고부터 깨달음에 대한 자의적인 해석은 여러 가지로 나오게 되었습니다.

물론 이러한 것들이 나라와 지역마다 역사적 전통을 가진 것들로 자리를 잡아 불교 문화의 여러 축을 이루어 온 것은 분명합니다. 문제는 오랜 역사를 가지고 여러 가지 복잡한 사정을 안고 점철해 온 불교가 우리 시대에 와서 불교의 본령인 깨달음의 의미를 어떻게 실제 수행에서 제대로 살려내고 있으며, 사회적으로 응용하고 있느냐 하는 점입니다. 스님이나 내가 이야기를 나누면서 공감한 것은 불교의 근본 정신을 되살려 새로워지는 불교가 되었으면 하는 점이었습니다. 우리가 뭐 대단한 존재는 아니지만 한 사람의 학승學僧으로서 다시 생각하는 불교를 제창하는 가운데 불교 이해를 바르게 하는 계기를 스스로 찾고, 또 남을 위해서도 그런 환경을 만들고 싶습니다.

호진 스님, 아시다시피 불교가 오랜 역사를 거치면서 시대적 배경에 의한 정서에 따라 수행가풍이 달라졌고 수행이 잘 되고 안 되는 차이도 있었습니다. 흔히 말세를 탄식하는 수도 있지 않습니까. 이미 오뢰고五牢固설에서 말하고 있는 것처럼 말세에는 깨달음이란 광고

문廣告文만 있고 깨달음이란 물건이 없다는 것입니다. 비약적인 말이 될지 모르지만 깨달음이 없다면 불교의 알맹이가 없다는 것 아니겠습니까. 물론 이것은 수행이 올바르게 되지 않는 상황을 두고 사람의 입장에서 하는 말입니다. 부처님이 깨달은 법 그 자체는 있다거나 없는 것이 아니므로 문제는 항상 수행자인 사람 쪽에 있는 것입니다.

오래 전에 송광사의 구산九山 스님이 살아 계실 때 "지구 상에 깨달은 사람이 몇이나 되나?"라고 법문 중에 하시는 말씀을 들었습니다. 만약 지구 상에 깨달은 사람이 극소수여서 겨우 한두 사람밖에 없거나, 아예 한 사람도 없다면 불교는 어찌됩니까. 정말 광고문만 있지 물건이 없는 셈이 되지 않을까요. 그러나 설사 그렇더라도 나는 부처님의 가르침이 경전 속에 남아 있으니 진정한 마음으로 그 가르침을 실천해 간다면 불교는 아무 문제가 없다고 봅니다. 이 시대에 와서 불교가 재정비되어야 할 점은 바로 이 점에 있는 것 같습니다. 부처님의 깨달음을 바로 이해하고 그 이해를 바탕으로 인간적 성숙을 도모해 나가는 수행의 모습이 나타나면 된다는 것입니다. 불교에 있어서 깨달음은 곧, 허구적인 요소가 될 수는 없는 것입니다.

대승 경전을 공부해 온 나는 가끔 깨달음에 대한 문제가 자칫 허구적인 관념에 머물러 자신을 기만할 수 있는 위험이 있다고도 생각해 본 적이 있습니다. 스님의 말처럼 정각의 내용을 연기법으로 이해하는 초기 불교의 설명과는 차원을 달리하여 대승불교에서는 깨달음에 대한 정의를 이렇게 하고 있습니다. 『대승기신론』에 의하면 '깨달음은 마음속에 생각이 떠나간 것所言覺者 心體離念'이라고 정의합니다. 여기서 생각은 번뇌가 될 성질인 망념입니다. 심지어 한 생각 속에 들어 있는 생生, 주住, 이異, 멸滅의 4상相을 끊어가는 과정을 설명하면서 시각始覺 4위位를 말합니다. 즉 범부각凡夫覺, 상사각相似覺, 수분각隨分覺, 구경각究竟覺으로 깨달아가는 과정을 4등분해 구분합니다. 결국 이는 생각이 일어나 주관과 객관이 나눠진 상태에서는 깨달음이 얻어지지 않는다는 것입니다. 또 『육조단경』에서는 무념無念을 강조하여 깨달음이란 생각이 끊어진 것이라고 설명합니다. 간화선의 화두참구도 바로 이것입니다. 『금강경』 등에서 말하는 '상相을 떠나라'는 말도 관념적인 생각을 일으키지 말라는 것입니다. 그렇다면 "나는 생각한다. 고로 나는 존재한다."라는 서양 철학자의 말은 깨달음의 영역 밖에서 하는 말이 됩니다.

어떤 면에서는 '생각하는 갈대'이기를 포기해야만 깨달음에 접근할 수 있다는 이 대승불교의 주장은 설사 무분별지無分別智를 얻기 위한 방편의 말이라 하더라도 너무 어렵지 않습니까. 속되게 말하면 인간은 생각 없이 살 수 없는 존재가 아닙니까. 차라리 스님 말처럼 싯다르타의 깨달음이 이해의 영역이 되어야 쉽지요. 선에서도 깨달음을 이해의 영역으로 보는 관점이 있었습니다. 소위 돈오점수頓悟漸修에서의 돈오는 해오解悟라 하여 이를 이해의 영역으로 설명한 규봉종밀圭峰宗密 선사 같은 분의 해석이 있었습니다. 이것은 몰랐던 사실을 알고 난 뒤의 새로운 인식이라는 말이지요. 또 서산西山대사의 『선가귀감』에서도 "미혹한 마음으로 도를 닦는 것은 단지 무명만 도와줄 뿐이다迷心修道 但助無明."라고 했습니다.

수행이란 새로운 인식에 의해 자아를 완성해 가는 과정이라고 설명할 수도 있을 것입니다. 그렇다면 깨달음은 3아승지겁을 통해 얻어 내는 최후의 궁극 지점에만 있는 것이 아니고 순간순간에 새로운 자각이 일어난다고 볼 수도 있습니다. 이 자각에 의해 인간적 순수 행위가 일어나고 인간으로서 훌륭한 인격적 모범이 갖춰지면 지극히 평범한 일상에서도 깨달음의 작용이 나타난다고 보는 것이 불교를 쉽게 하는 것이라고 생각합니다.

나는 줄곧 불교에 있어서 종파주의의 우열 논쟁이 불교를 혼란시킨다고 걱정해 왔습니다. 소승이니 대승이니 선이니 교니 하는 개인이 소속된 입장을 내세울 것이 아니라, 어떤 이념에 휩쓸리는 것이 아니라, 자아에 대한 진정한 성찰로 자각되는 새로운 인식에 의해 순수해진 제 모습이 드러나면 된다는 것입니다. 스님이 말한 초기 불교의 5비구가 부처님으로부터 설법을 듣고 아라한이 되어 부처님으로부터 칭찬을 받았을 때, 그들이 경천동지驚天動地할 충격을 받아 자아 혁명을 일으켰다고 말할 수 있을까요. 부처님의 설법을 듣고 새로운 인생관의 안목이 열려 자기 문제에 아무런 어려움을 느끼지 않아 번뇌가 사라지고 마음이 지극히 평화로워졌다고 보는 편이 오히려 설득력이 있을 것입니다.

또 한 가지 불교의 정체에 대해서 생각해 볼 것은 자각성自覺性입니다. 초기 불교에서 강조된 불교의 자각성이 후대로 내려오면서 본래의 무신론적이고 철학적인 성격을 잃어버리고 범신론적이거나 다신론적인 신앙 형태로 변질되어 그 의미가 현격히 약화되었다는 점을 간과할 수 없을 것 같습니다. 여기서는 다른 종교와는 달리 불교의 뛰어난 습합성이 문제가 되기도 했을 것입니다. 불교가 기존의 민간 신앙이나 유교, 도교의 사상, 그리고 무속巫俗과 쉽게 습합되어 온 것은 부정할 수 없는 일이지요. 이런 이유 등으로 교조 석가모니의 '자각하라'는 근본 지침이 제대로 유지되지 않고 불교 밖의 생경한 요소들이 유입되어 불교를 위장해 버린 면이 없지 않습니다.

따라서 깨달음이 무엇이냐 하는 정체의 기준은 교조인 석가모니가 되어야 하고, 여기에서 불교의 정체감에 대한 확고한 신념이 서 있어야 하는 것 아니겠습니까. 이것은 무조건 교조 일방주의로 깨달음의 이해를 획일화시키자는 것이 아니라 깨달음을 올바로 이해하여 깨달음에 대한 혼란을 일으키지 말자는 뜻입니다. 물론 물을 담는 그릇에 따라 물의 모양이 변한다는 말이 있는 것처럼 사람에 따라 깨달음을 설명하는 언설의 방편은 다를 수 있겠지요. 또 똑같은 식물의 씨앗이라도 "강남에 심으면 유자가 되고 강북에 심으면 탱자가 된다."라는 말처럼 불교가 전래된 곳의 사정에 따라 각각 다르게 수용됨으로써 깨달음에 대한 이해도가 달라졌다고 볼 수 있을 것입니다.

그러나 나라마다 풍속이 다른 것하고 부처님의 깨달음하고는 아무 상관이 없는 것 아닐까요. 중요한 것은 근본 교법이지, 지말적인 것을 가지고 근본인 양 착각해서는 안 된다는 것입니다. 유교는 종교적 신앙 체계를 불교만큼 갖추지 못했지만, 공자의 근본 사상 체계가 불교보다 잘 세워져 있어 그 중심을 찾기가 쉽다고 합니다. 불교도 이젠 부파나 종파의 후유증에 시달리지 말고 근본을 바로 세워 새로 정리되었으면 좋겠습니다. 병이 많기 때문에 약품의 종류가 많은 법이라 하지만 부처님의 깨달음은 하나이지 둘이 아니지 않습니까. 근본 교리에 의거한 깨달음의 이해가 분명해질 필요가 있으며 관념적 혼미에서 깨달음의 정체를 상실해서는 안 될 것 같습니다.

호진 스님, 스님처럼 순수한 마음으로 깊은 애정을 가지고 불교에 대해 고민하는 사람을 별로 보지 못했습니다. 우리 시대에 와서 과거에 의존하여 답습만 하는 기존의 불교가 스님 같은 분의 탁견에 의해 새롭게 나아갈 바로미터指標를 찾았으면 좋겠습니다. 스님의 편지를 읽고 많은 것을 느끼고 배웠습니다. 지안 합장.

어렴풋한 흔적들

불안한 어둠의 끝,
기원정사
::

지안 스님, 이제 그곳도 상당히 덥겠군요. 인도의 우기는 폭우와 더위
가 대단하리라 생각했는데 상상했던 것보다는 심하지 않습니다. 8월
인 지금은 장마철도 거의 끝나가고 있습니다. 며칠마다 한두 시간씩
비가 내리고 나면 체감 온도도 낮아집니다.

편지를 쓰고 있는 이곳은 슈라바스띠舍衛城입니다. 붓다 당시 인
도의 2대 강국 가운데 하나였던 꼬살라국의 수도입니다. 역시 초기
불교 교단의 2대 사원 중 하나인 기원정사祇園精舍가 있었던 곳입니
다. 여기에 온 지 며칠 되었습니다. 한국 절 천축선원에 방을 얻어 잘
지내고 있습니다. 기원정사 유적지Saheth까지는 약 2km, 그곳에서
사위성터Maheth는 동쪽으로 약 500m 거리에 있습니다.

보드가야는 싯다르타-붓다가 활동했던 동남지역의 맨 아래쪽이
고, 이곳 슈라바스띠는 서북지역의 가장 위쪽입니다. 그러니까 싯다
르타가 활동했던 지역을 대각선 방향으로 맨 아래쪽에서 맨 위쪽으
로 온 것입니다. 불교 성지 여행 가운데서는 가장 먼 길이라 할 수
있습니다. 스님은 나보다 인도 여행을 자주 했으므로 이름만 들어
도 이곳 모습이 눈앞에 훤히 떠오르겠지요. 나는 이번이 세 번째입
니다. 16년 전(1992년), 이곳에 올 때는 보드가야에서 북쪽으로 약

200km 거리에 위치한 하지뿌르(빠뜨나 근처) 역에서 기차를 탔습니다. 기차의 연착과 고장, 여러 번의 환승 때문에 450km 거리를 가는데 27시간이 넘게 걸렸습니다. 잠도 식사도 제대로 하지 못한 데다심한 감기까지 걸려 엄청나게 고생을 했습니다. 이곳을 생각할 때마다 그 여행을 떠올리게 되었습니다.

이번 여행은 그때보다 고생이 적었지만 그래도 쉽지 않았습니다. 전날저녁에 예약해 놓은 오토 릭샤가 새벽 4시에 숙소인 미얀마 절 정문에 도착했습니다. 즉시 챙겨 두었던 가방들을 싣고 가야 역으로 달렸지요. 항상 그랬듯이 넓은 대합실뿐 아니라 앞마당의 일부까지 기차를 기다리는 여행객들로 만원 상태였습니다. 이리저리 사방으로 누워있는 사람들 때문에 발걸음을 옮기기도 어려울 정도였습니다. 가야 역에서 6시에 출발한 기차는 에어컨이 설치된 6인 1실로서 더위를 걱정하지 않아도 되었습니다. 창밖으로는 지평선이 아득히 보이는 평원에 푸른 벼의 물결이 바다를 연상시켰습니다. 두 달 전 사르나트로 도보 여행을 했을 때는 평원의 대부분이 잡초로 덮여 있었는데, 그사이그 넓은 땅에 벼가 사랑스럽게 자라고 있었습니다. 장맛비로 물이 가득가득 담긴 철로변의 작은 저수지와 웅덩이들에는 수련이 아름다웠습니다. 멀리 무리 지어 서 있는 키 큰 야자수들도 생기가 났습니다. 마을은 섬처럼 푸른 벼의 바다 위에 여기저기 흩어져 있었습니다. 달리는 차창을 통해 보는 경치는 아름답고 평화스러웠습니다. 데흐리, 사사람, 꾸드라, 두르가와띠 등 두 달 전 도보 여행을 하면서 거쳐 갔던

이곳에 올 때는 보드가야에서
북쪽으로 약 200km 거리에
위치한 하지뿌르(빠뜨나 근처)
역에서 기차를 탔습니다.
기차의 연착과 고장,
여러 번의 환승 때문에 450km
거리를 가는 데 27시간이 넘게
걸렸습니다. 잠도 식사도 제대로
하지 못한 데다 심한 감기까지
걸려 엄청나게 고생을 했습니다.
이곳을 생각할 때마다 그 여행을
떠올리게 되었습니다.

도시 이름들을 볼 때마다 반가웠습니다.

10시경에 바라나시의 바로 앞 역인 무갈사라이에 도착했는데 이 곳까지 타고 왔던 전기 기관차가 증기 기관차로 바뀌었습니다. 바라나시를 지나서부터 논은 사라지고 밭과 숲이 보이기 시작했습니다. 대부분 옥수수가 재배되고 있었습니다. 이 지방은 첫 여행이었습니다. 자운뿌르, 샤흐간즈, 말리뿌르, 악바르뿌르 등 도시 이름들부터 지난번 여행했던 곳과는 달랐습니다. 작은 강과 호수들이 자주 보이고 목장에는 소들이 한가롭게 풀을 뜯고 있었습니다. 인도가 아니라 유럽의 어느 지방을 여행하고 있는 것 같은 착각이 들기도 했습니다. 일상적인 여러 가지 생각들은 모두 사라져 버렸습니다. 오직 행복한 감정만이 가슴을 가득 채웠습니다.

오후 2시 45분, 마침내 파이자바드에 도착했습니다. 기차 여행은 거기에서 끝났습니다. 달린 거리는 455km, 보드가야에서 그곳까지 약 11시간이 걸렸습니다. 남은 여정은 파이자바드에서 곤다까지 70km, 곤다에서 발람뿌르까지 42km, 발람뿌르에서 슈라바스띠까지 20km였습니다. 버스 터미널에서 혼잡과 소음과 더위에 시달리면서 한 시간을 넘게 기다린 뒤 6시 10분에 출발, 곤다에 8시 20분에 도착했습니다. 곤다는 슈라바스띠 근방에서 가장 큰 도시입니다. 다시 1시간 40분쯤 기다린 뒤 10시가 넘어 버스를 탔습니다.

발람뿌르에 도착했을 때는 밤 10시 40분이었습니다. 몇 개의 상점과 노점에 켜 놓은 촛불과 충전기를 사용한 희미한 전등불이 있을 뿐 도시 전체가 캄캄했습니다. 터미널에는 택시 같은 것은 보이지도 않았습니다. 불안하고 초조한 마음이 되었습니다. 릭샤를 잡아타고 30분이 넘게 거리를 헤맨 끝에 간신히 지프차 한 대를 발견, 11시 20분이 되어서야 그곳을 떠날 수 있었습니다. 운전사 옆 좌석에 자리를 잡았는데 바로 뒷자리에 20대의 두 청년이 앉아 있었습니다. 밤중이라 도로 표지판도 보이지 않았고, 그 시간에 시골길을 달릴 자동차가 있을 리도 없지요. 사방은 온통 캄캄하기만 했습니다. 전깃불이 나가버린 도로변의 마을들은 사람이 살지 않는 곳 같았습니다. 자동차의 헤드라이트 불빛만이 작은 등불처럼 희미하게 길 앞을 비추었습니다. 슈라바스띠로 가고 있는지 아니면 다른 곳으로 가고 있는지조차 알 수 없었습니다. 기사와 두 청년은 한마디 말도 없이 굳게 침묵을 지키고 있었습니다.

어느 순간, 두 청년은 승객이 아니라 기사와 일행이라는 생각이 들었습니다. '왜 그들이 이 밤중에 기사를 따라왔을까, 한 사람도 아니고 두 사람씩이나!' 갑자기 의심이 들면서 두려움이 몰려왔습니다. 몇 시간 전 파이자바드에서 곤다로 오는 버스 옆자리에 앉았던 사람이 "밤 여행에는 지프차 같은 소형차는 위험하니 버스를 타라."라고 했던 말이 떠올랐습니다. 지난 2월 말 짬빠Campa로 여행 갔을 때, 그곳 경찰로부터 들었던 프랑스 여행자의 피살 사건도 생각났습니다. 짧은 시간에 여러 가지 생각들이 머릿속을 빠르게 지나갔습니다. 금방이라도 두 청년의 억센 손길이 내 어깨와 목덜미를 덮칠 것 같은 기분이었습니다. 길은 멀어 보였고 시간은 아주 느리게 흘렀습니다. 초조와 불안이 심하게 가슴을 죄었습니다. 어느 순간 오른쪽 도로변에 '천축선원'이라고 쓰인 커다란 간판이 흔들리는 자동차 헤드라이트 불빛 속으로 나타났습니다. 그것을 보는 순간 모든 긴장과 불안감은 일시에 사라졌습니다.

자정이 가까워 목적지에 도착해서 선원禪院의 대문을 두드리자 늦은 시간임에도 곧 사람이 나와서 문을 열어 주었습니다. 뒤에 생각해 보니 그 두 청년은 자동차 기사의 친구들로서 돌아갈 때 그의 안전을 위해 동행했던 것 같았습니다. 그들을 의심했던 것이 미안하기도 했지만 일이 그렇게 끝난 것이 다행스러웠습니다. 내가 상상했던 변을 당했더라면 스님은 이 편지를 받을 수 없겠지요. 역시 내가 어디에서 어떻게 실종되었는지 아무도 모르게 되었을 것입니다. 보드가야에서 이곳까지 거리는 약 580km, 20시간이 걸렸습니다.

지안 스님, 기원정사는 붓다 당시 인도에서 가장 중요한 불교 사원 가운데 하나였지 않습니까. 왕사성의 죽림정사와 이곳 기원정사는 초기 불교 교단에서 2대 축軸이었습니다. 기원정사의 창건 이야기는 여러 율장과 경전에 나오고 있지요. 기원전 2세기경에 조각된 탑들의 부조浮彫에도 같은 이야기가 나오고 있지 않습니까.

슈라바스띠의 대부호 수닷따須達多라는 사람이 장사 일로 라자그리하에 갔다가 그곳에서 붓다를 만난 이야기, 붓다를 이곳으로 초청하기 위한 사원을 건축할 장소로 꼬살라국 쁘라세나짓 왕의 태자 제따Jeta, 祇陀의 소유인 동산을 매입하려고 했다는 것, 제따 왕자는 수닷따 장자의 끈질긴 요구를 거절하기 위해 "만약 동산 전체에 금을

깔아 준다면 팔 수 있다."라고 말한 것이 동산의 값이 되고 말았다는
것, 수닷따는 그 땅에다 금을 깔아 주고 동산을 매입해 사원을 지어
붓다와 승가에 보시했다는 것, 이렇게 해서 건립된 사원이 기원정사
가 아닙니까.[62]

　『현우경賢愚經』에서는 제따 동산의 넓이를 80경頃이라 전하고 있
습니다. 그러나 『패경초季經抄』라는 경전에 따르면 수닷따 장자가 금
을 깐 것은 그 절반의 넓이인 40경뿐이었습니다. 장자의 행동에 감
동한 제따 태자가 나머지 40경을 무상으로 양도했기 때문입니다.[63]
사전에서 찾아보니 1경은 3,000평입니다. 따라서 동산의 전체 넓이
는 24만 평이고 수닷따가 금을 깐 땅의 넓이는 12만 평이 됩니다.
『현우경』은 후기에 편찬된 경이고, 『패경』은 초록抄錄만 남아 있는 듯
합니다. 이들 경에서 말하고 있는 내용을 그대로 받아들일 수는 없
겠지만 제따 동산의 넓이를 추측하는 데는 약간이나마 도움이 될
듯합니다. 기원정사 창건 이야기는 바르후뜨 탑 난순欄楯, 돌울타리 조
각에 실감나게 묘사되어 있지요.

　꼴까따의 인도 박물관Indian Museum에 소장되어 있는 이 조각을
스님도 보았을 것이라 생각합니다. 지름이 55cm밖에 되지 않는 작
은 원형 조각입니다. 그러나 기원정사 창건 이야기의 대부분을 나타
내고 있습니다. 직접 또는 사진으로 이 조각을 볼 때마다 감탄을 했
습니다. 금덩어리를 싣고 온 소와 수레, 정사각형의 큼직큼직한 황금
덩어리들을 동산에 깔고 있는 사람들, 작업을 지휘하고 있는 수닷따
장자, 완성된 두 동의 건물, 그리고 조각의 중앙에는 장자가 동산과

건물을 붓다와 승가에 기증했다는 것을 상징적으로 나타내기 위해 주전자로 물을 붓고 있는 모습이 나와 있지 않습니까. 이 작은 조각 속에 간다꾸띠와 꼬삼바꾸띠라는 두 건물 이름까지 새겨져 있습니다. 이 건물들은 붓다의 개인 거실로서 초기 경전에 기원정사 창건 이야기와 함께 그 이름이 나옵니다. 조각의 맨 밑에는 "아나타삔디까가 천만금으로 제따바나Jetavana, 祇林를 구입하여 기증함"이라는 글이 인도 고대 문자로 새겨져 있습니다. 아나타삔디까는 수닷따 장자의 별명 아닙니까. 한역 경전에는 급고독장자給孤獨長者라고 번역되어 있지요. 고독하고 의지할 곳 없는 사람들에게 항상 옷과 음식을 보시했기 때문입니다. 이 조각을 보면 기원정사의 창건 이야기가 전설이 아니라 역사적인 사실로 느껴집니다. 경전에는 제따 동산을 매입하기 위해 정원에 간 황금의 액수에 대해서도 언급하고 있습니다. 중아함경에는 억억금億億金이었다고 기술하고 있습니다. 억억금이 현재의 액수로는 얼마쯤 되는지 상상할 수도 없지 않습니까. 그러나 엄청나게 큰 금액이었음에는 틀림없습니다.[64]

지안 스님, 초기 교단의 수행자들은 "나무 밑, 굴속, 숲속, 무덤 사이와 개울가에서 풀이나 잎을 깔고 잤다."라고 전하고 있기도 하지만[65] 기원정사의 시설 규모는 우리의 상상을 훨씬 넘어섭니다. 중아함경(28경)에 따르면 수닷따 장자가 제따 동산에 16동의 큰 건물과 60개의 방사房舍, kuṭī를 한꺼번에 건립했답니다.[66] 세 율장에는 기원정사의 건물 이름들이 나옵니다. 대문門屋, 정사精舍, 선원禪坊·坐禪處, 경행당經行堂, 강당, 식당, 부엌作食處, 방사房, 화당火堂, 우물井, 수

각井堂, 난방燒房, 정당廷堂, 목욕실洗浴處, 변소廁處, 작은 못小池 등으로 현재 우리가 볼 수 있는 통도사나 해인사의 규모와 비교해서 손색이 없을 것 같습니다.[67] 그러나 이와 같은 내용은 아마 후대에 삽입되었을 것이고, 창건 당시에는 이보다 훨씬 소규모였을 것입니다.

언제부터인가 기원정사는 경전을 비롯한 여러 불교 문헌에서만 존재할 뿐 인도 땅에서 완전히 사라져 버리고 말았지요. 유적지로나마 다시 모습을 나타낸 것은 불과 140여 년 전인 1863년, 영국 출신 고고학자 커닝햄의 발굴 덕택이었습니다. 그 뒤 여러 차례 발굴을 했는데, 유적지에서 '기원정사'라는 글자가 새겨진 보살상과 동판銅板이 발견됨으로써 이곳이 옛 기원정사 터였다는 것을 확인할 수 있었답니다. 유구遺構를 복원하고 그것을 중심으로 약 3만 평을 역사 공원으로 조성한 것이 현재 우리가 볼 수 있는 기원정사 유적지입니다.[68]

지안 스님, 오늘은 여기까지만 쓰겠습니다. 스님도 대부분 알고 있는 사실들이지요. 그러나 요즈음 나는 관련 경전과 서적들을 다시 읽으면서 이곳과 관계있는 내용들을 좀 더 잘 정리하기 위해 노력하고 있습니다. 이곳을 떠나기 전에 한 번 더 소식 전하지요. 호진 합장.

어려움이
가라앉을 때까지
::

지안 스님, 슈라바스띠에 온 지도 벌써 2주일이 다 되어 갑니다. 이곳에서 좀 더 머물려고 했는데 계획을 바꾸어 며칠 후에 떠날 생각입니다. 보드가야와는 달리 전기 사정이 매우 좋지 않습니다. 대부분의 자료들을 노트북에 입력해 왔기 때문에 전기 없이는 거의 아무 일도 할 수 없습니다. 예비 배터리를 사용해도 하루에 5~6시간밖에 작업을 못합니다. 선풍기조차 몇 시간씩밖에 사용할 수가 없습니다. 독서도 할 수 없고, 선풍기도 돌아가지 않는 밤은 지루함과 더위 때문에 고통스럽습니다.

그동안 기원정사 유적지를 몇 번 참배했습니다. 15년 전에 비해 거의 변한 것은 없습니다. 유적지의 북서쪽 부분에 옛날 비구들이 사용했던 큰 규모의 목욕장을 발굴해서 정비해 놓았고, 북동쪽에 승원터를 손질하고 있는 정도입니다. 넓은 유적지는 손질이 잘되어 있습니다. 인도 불교 성지들 가운데서 이곳이 가장 한적하고 평화스럽고 정답게 느껴집니다. 정원의 북서쪽에 보기 좋게 줄지어 서 있는 사라娑羅, Sāla 나무들이 지금 한창 꽃을 피우고 있습니다. 우리나라에서 볼 수 있는 두릅나무 꽃 비슷한데 별로 아름답지는 않습니다.

유적지에서 제일 중요한 곳은 붓다의 두 거실居室 가운데 하나였

던 간다꾸띠Gandhakuti, 香室입니다. 스님도 잘 알다시피 유적지 복
판의 큰길을 따라 북쪽으로 가다 보면 왼편에 있는 유적으로서 순
례자들이 예불을 드리는 곳입니다. 이 유적 바로 곁의 큰 보리수 밑
에서 독서와 좌선을 하면서 오전을 보내기도 했습니다. 햇살이 뜨겁
지 않은 아침 시간에 근방의 절 스님들이 간다꾸띠에 참배하러 왔
습니다. 스님들은 가늘고 작은 초에 불을 켜 바닥에 세우고 벽돌 틈
사이에 향을 꽂은 뒤 조용하게 송경과 좌선을 했습니다. 그들이 떠
나고 나자 넓은 유적지는 한낮의 작열하는 태양 아래 졸음에 잠긴
듯했고 구슬프게 울어대는 비둘기 소리가 더욱 평화로운 분위기를
만들어 주었습니다.

옛 사위성터에도 가 보고 슈라바스띠의 여러 나라 절을 기웃거려
보기도 했습니다. 오래전에 세운 미얀마, 중국, 스리랑카 절들은 기
원정사 유적지 바로 곁에 자리하고 있지만 최근에 건축된 사원들은
남쪽으로 약 1~2km 떨어져 있습니다. 이 지역은 종교 건축물을 짓
도록 지정된 듯합니다. 한국 절인 천축선원을 비롯해서 인도, 태국,
스리랑카, 미얀마, 티베트 절들, 그리고 일본 불교도들이 건립한 '기
원의 종祇園鐘'과 자이나교 사원이 이곳에 모여 있습니다. 유적지 서
쪽에는 태국 출신의 한 여성이 주축이 되어 대규모의 불교촌을 조성
하고 있는데, 순례자들을 위한 시설이 아니라 불교 신도들이 영주할
수 있는 신앙촌이라고 합니다. 그곳의 거대한 좌불상과 건축 중인 탑
은 슈라바스띠의 어디에서나 보입니다.

며칠 전 유적지에서 서북쪽으로 약 2km 거리에 위치하고 있는

아찌라바띠Aciravatī 강에 가 보았습니다. 현재 이름은 랍띠Rapti, 초기 경전과 율장의 여러 곳에서 붓다가 제자들과 함께 종종 목욕하러 다녔다고 전해지는 강입니다. "세존께서는 아난다를 데리고 아찌라바띠 강阿夷羅婆提河으로 가서 언덕 위에 옷을 벗고 곧 물에 들어가셨다. 목욕을 하신 뒤 도로 나와 몸을 닦고 옷을 입으셨다. 그때 아난다는 세존 뒤에서 부채로 세존을 부쳐 드렸다." 중아함경의 『라마경』에 나오는 이야기입니다.[69] 그 모습이 눈에 보이는 듯하지 않습니까.

이 강은 갠지스의 지류인데 상당히 컸습니다. 사람들을 가득 실은 나룻배가 오가고 있었고, 물소들이 줄을 지어 헤엄쳐 강을 건너는 것이 신기했습니다. 붓다 당시에도 비구와 비구니들이 이 강을 건너기 위해 나룻배를 이용했다고 합니다. 율장에는 나루터에서 일어난 여러 가지 일들을 전하고 있습니다. 그 나루터가 거기였을까요. 그곳은 초라한 짜이茶 집이 두세 곳 있을 뿐 너무나 허술했습니다. 선착장이라고 해야 사람들이 배에 오르고 내리기 위해 이용하는 좁은 판자板子 한 장 놓여 있는 것이 전부였습니다. 강변은 보드라운 모래로 이루어져 있어 비가 오지 않는데도 심하게 씻겨나가 강물은 홍수 때처럼 싯누런 황토 색깔이었습니다.

스님도 잘 알고 있는 사실이겠지만 붓다는 45년의 교화 기간 동안 기원정사에서 가장 오랫동안 머물렀습니다. 몇몇 경전에는 이곳에서 보낸 햇수를 전하고 있습니다. 『승가라찰소집경』, 『8대영탑명호

경』, 『분별공덕론』에 의하면 각각 20년, 23년, 25년입니다.[70] 그러나 이 경들은 후기에 성립되었을 뿐 아니라 이 연수들을 산출한 근거도 말하지 않고 있기 때문에 곧이곧대로 받아들일 수는 없겠지요.

그러나 다른 사실로써 붓다가 기원정사에서 가장 오랫동안 머물렀다는 것을 추정할 수는 있습니다. 초기 경전들 가운데 설처說處, 즉 경을 설한 곳이 기원정사로 되어 있는 경들이 많지 않습니까. 구체적인 예를 들면 중아함경은 222개의 경經으로 구성되어 있는데 그 가운데서 꼭 절반인 111개의 경이 기원정사에서 설해졌습니다. 이와는 달리 죽림정사에서 설해진 경은 19개뿐입니다. 이것은 직접 확인해 본 것입니다.

잡아함경과 증일아함경에서도 기원정사가 설처로 되어 있는 경들이 월등하게 많습니다. 특히 『사분율장』의 대부분은 기원정사에서 설해졌습니다. 이와 같은 사실은 붓다가 다른 어느 곳에서보다 이곳 기원정사에 오랫동안 머물렀다는 것을 나타내고 있는 증거가 될 수 있겠지요. 수닷따 장자, 쁘라세나짓 왕, 말리까 왕비, 제따 태자, 비사카 부인 등 그 당시 슈라바스띠에서 가장 세력이 있었던 많은 사람들이 붓다에게 귀의함으로써 기원정사의 후원자가 되었다는 점역시 간과할 수 없는 일이라고 생각합니다.

지안 스님, 슈라바스띠와 기원정사를 나타내는 명칭으로서 '천불화현지千佛化現地'라고 하는 것은 이상하지 않습니까. 보드가야와 녹야원을 각각 항마성도지, 초전법륜지라고 부르는 것은 수긍이 갑니다.

그러나 역사성이라고는 전혀 없을 뿐 아니라 허황된 천불화현이라는 설화로써 초기 불교의 2대 중심지 가운데 하나인 이곳의 별칭을 삼았다는 사실이 온당하지 않게 생각됩니다. 먼저 천불화현 이야기를 간단하게 정리해 보겠습니다.

붓다 당시 인도에서 가장 널리 알려진 사상가이자 수행자들이었던 6사외도들은 그동안 국왕, 대신, 바라문, 거사들로부터 받았던 존경과 공양을 붓다 때문에 잃어버리게 되었답니다. 그들은 쁘라세나짓 왕에게 '고따마'와 신통력을 겨루어 누구의 수행력이 더 높은지 사람들에게 보일 수 있게 해 달라고 요청했습니다. 그래서 붓다는 슈라바스띠의 많은 사람들과 외도들 앞에서 여러 가지 신통 변화를 연출해야 했던 것입니다. 공중에서 걷고, 앉고, 눕기도 하고 몸의 위와 아래로 불과 물을 뿜어내기도 했습니다雙神變. 붓다는 용왕을 시켜 꽃잎이 천 개나 달린 큰 수레바퀴 크기의 연꽃을 땅에서 솟아나게 한 뒤 그 위에 앉았습니다. 오른편 위쪽과 등 뒤로 색구경천色究竟天에 이르기까지 똑같이 생긴 수많은 연꽃이 나타났고, 그 모든 꽃들 위에 자신의 화신化身들을 나타내었습니다. 화신들은 붓다가 했던 것처럼 공중에서 온갖 신통 변화를 일으켰습니다. 외도들은 이것을 보고 모두 달아나 버렸습니다.

이 설화는 『근본설일체유부비나야잡사』에서 볼 수 있습니다. 『사분율장』에도 비슷한 이야기가 나오지만 세부적으로는 다릅니다.[71] 이 율장보다 후기에 작성된 『자따까』와 『법구경』 주석서에도 같은 이야기가 나옵니다.[72] 그러나 이 문헌들에서 볼 수 있는 내용은 좀 더 발전된 것으로 붓다는 신통 변화를 끝낸 뒤 곧바로 어머니께 법을 설하기 위해 도리천으로 올라갔다고 합니다. 도리천 승천昇天 이야기는 논장의 성립과 불상 기원을 설명하는 근거가 되기도 했습니다. 역시 고대 불교 조각의 소재로도 선호되었다는 것을 바르후뜨와 산찌 탑의 부조와 간다라의 조각에서 볼 수 있습니다.

천불화현의 기적 이야기에서 현대를 살고 있는 우리가 어떤 메시지를 발견할 수 있겠습니까. 이번 여행을 하는 동안 이 문제에 대해 여러 가지로 생각해 보면서 나름대로 의미를 찾아보려고 했는데 결론부터 말하면, 신흥 수행 단체였던 불교가 기성 수행 단체로부터 받은 도전과 그것을 극복한 사실을 이와 같은 설화로 표현한 것이라 여겨집니다.

초기에 불교는 사람들로부터 그다지 관심을 끌지 못했을 것입니다. 그러나 시간이 지남에 따라 붓다와 제자들이 크게 영향력을 발휘하게 되자 다른 수행 단체와 사상가들이 위협을 느끼면서 상당한 반발을 하게 되었을 것입니다. 그로 인해 여러 가지 일들이 일어나게 되었겠지요. 그들의 반발과 공격, 그리고 붓다의 극적인 활약상을 천불화현과 같은 방식으로 표현했다고 할 수 없을까요. 경전의 여기저기 흩어져 있는 이야기들은 기성 교단과 다른 수행자들이 붓다와 제자들에게 나타낸 반응과 당시의 상황을 구체적으로 이해할 수 있게 해 줍니다.

다음 일화는 상당히 초기에 일어났던 일을 말해 주고 있습니다. 쁘라세나짓 왕은 어느 날 붓다를 만나 직설로 "당신이 정각을 이루었다고 스스로 말했다는 소문을 들었습니다. 여러 사람들이 전하는 그 말이 거짓이거나 과장된 것 아닙니까."라고 물었습니다. 붓다는 "그 말은 진실로서 거짓이 아닙니다. 왜냐하면 나는 정각을 이루었기 때문입니다."라고 답했습니다. 왕은 "당신은 비록 그렇게 말하지만 나는 믿지 않습니다. 왜냐하면 6사師들과 같이 나이 들고 유명한 수행자들조차도 정각을 이루었다고 스스로 말하지 않는데 당신은 나이가 어리고 출가한 지도 오래되지 않았는데 어떻게 정각을 증득할 수 있었겠습니까."라고 말했습니다.[73]

상당히 신랄하지 않습니까. 왕이 붓다에게 귀의한 뒷날에는 감히 이와 같은 행동을 할 수 없었을 것입니다. 이때만 해도 붓다는 슈라바스띠에서 아직 높은 평가를 받지 못했던 것이 틀림없어 보입니다. 그러나 차츰 붓다의 진면목이 알려져 많은 유력자들이 그에게 귀의하게 되자 다른 수행자들은 붓다와 그 교단의 세력을 꺾기 위해 좀 더 심한 공격을 했습니다. 『설일체유부비나야약사』에 나오는 찐짜 Ciñcā, 甄遮 사건에서 그것을 엿볼 수 있습니다.[74]

천불화현 설화에서 말했던 것과 똑같은 이유로 국왕, 대신, 바라문, 거사들로부터 받았던 존경과 공양을 잃어버리게 된 6사외도들은 붓다를 제거할 것을 모의했습니다. 그들은 찐짜라는 미모의 여女 수행자를 시켜 기원정사에 드나들게 한 뒤 붓다가 이 여자를 임신시켰다고 소문을 퍼뜨리게 했습니다. 몇 달이 지나서 찐짜는 자신의 배 위에 발우를 묶어 만삭이 된 것처럼 하고, 설법을 듣기 위해 기원정사에 모인 많은 사람들 앞에 나타나서 붓다에게 온갖 욕설을 퍼부었습니다. 결국 제석천帝釋天이 개입함으로서 찐짜의 행위가 붓다에 대한 외도들의 모함이었다는 것이 밝혀졌습니다. 실제로 이런 사건이 일어났을 수도 있겠지만 존재할 수 없는 제석천이 해결해 주었다는 이야기는 받아들일 수 없지요. 과연 이 일이 어떻게 수습되었겠습니까.

순다리Sundarī 사건은 이것보다 더욱 악랄했습니다.[75] 외도들은 순다리라는 여女 수행자로 하여금 기원정사에 자주 드나들게 해서 많은 사람들의 눈에 띄게 한 뒤 어느 날 그녀를 살해했습니다. 그들은 시체를 기원정사 근처의 숲 속에 묻어 놓고 왕궁에 가서 순다리의 실종을 알리면서 수색을 요청했습니다. 쁘라세나짓 왕은 병사들을 시켜 순다리의 행방을 찾게 했습니다. 외도들이 의도했던 대로 순다리가 기원정사에 자주 드나들었다는 사실이 알려지게 되고, 숲 속에 묻혀 있던 그녀의 시체가 발견되었습니다. 외도들은 순다리의 시체를 침상에 얹어 슈라바스띠 성으로 가져가 거리를 돌아다니면서 붓다와 제자들에 대해 온갖 나쁜 욕설을 했습니다. 이 사건은 틀림없이 슈라바스띠를 뒤흔들어 놓았을 것입니다. 붓다와 교단이 받은 타격은 얼마나 컸겠습니까. 제자들이 아침에 탁발을 하러 성안으로 들어가자 사람들은 그들에게 심한 욕설을 퍼부으면서 음식을 주지 않았습니다. 얼마 후 이 사건도 외도들의 모함이었다는 것이 밝혀졌습니다.

이야기가 길어졌지만 증일아함경에 나오는 일화를 그냥 지나칠 수 없군요.[76] 마혜제리摩醯提利 바라문에게는 절세미녀인 마간디야 Māgandiyā, 意愛라는 딸이 있었는데 알맞은 신랑감을 구할 수 없었습니다. 바라문은 마간디야를 붓다와 결혼시키기로 하고 세 번이나 청혼을 했습니다. 당연한 일이겠지만 붓다는 거절했습니다. 중일 아함경은 이 청혼 이야기를 간단하게 끝내고 다른 이야기로 넘어갑니다. 그러나 『법구경』 주석서에서는 이 주제를 길게 다루고 있습니다.[77] 주석서 이야기 내용은 후기에 만들어진 것이겠지만 찐짜와 순다리의 일과 함께 생각해 볼 만합니다.

마간디야는 붓다로부터 청혼을 거절당한 일에 대해 앙심을 품고 복수를 하기 위해 꼬삼비국 우데나 왕의 세 번째 왕비가 되었습니다. 그녀는 기회가 있을 때마다 붓다를 괴롭혔습니다. 한번은 하인과 이교도들을 시켜 탁발하러 성에 들어간 붓다의 뒤를 따라다니면서 심한 욕설을 퍼붓게 했습니다. 그 내용을 여기에 인용하기도 민망스러울 정도입니다. "강도, 얼간이, 바보, 낙타, 황소, 당나귀, 지옥중생, 야수…" 이 장면을 눈앞에 한번 그려 보세요. 함께 탁발을 나갔던 아난다는 계속되는 욕설을 듣고 견딜 수가 없어 "부처님, 다른 도시로 갑시다."라고 애걸을 했습니다. 이에 붓다는 "아난다야, 그 도시에서도 욕설을 퍼부으면 그땐 어디로 갈 것인가."라며 되물었습니다. "그러면 또 다른 도시로 갑시다."라고 아난다가 답을 하자, 다시 붓다는 이렇게 말했습니다. "아난다야, 그렇게 해서는 안 된다. 어려움이 일어나면 그 어려움이 가라앉은 다음 다른 곳으로 가야 한다." 이곳에서도 얼마 후에 붓다에 대한 욕설과 비방은 가라앉았답니다.

나는 이 부분을 읽다가 달라이라마 존자의 자서전에서 존자님이 듣고 있다는 욕설이 생각났습니다. 존자님은 이렇게 쓰고 있습니다.

"(중국인들은) 요즘 나를 승복을 걸친 늑대, 종교자인 척 가장하는 사기꾼, 도둑, 살인자, 약탈자라고 합니다. 심지어 내가 인도 수상 인다라 간디를 위해 성적性的 봉사를 하고 있으리라고 생각합니다."[78] 지안 스님 2,500여 년 전이나 지금이나 별반 다른 것이 있습니까. 우리는 경전에서 주로 싯다르타가 정각을 이루고 가는 곳마다 많은 사람들을 교화하면서 최상의 존경과 예배와 사랑을 받았다는 이야기를 읽기 때문에 그가 순탄하게 일생을 보내었을 것이라고 생각합니다. 어떤 문제나 어려움이 있을 때는 몸소 기적을 행하거나 제석천 같은 신들과 여러 왕이나 부자들이 해결해 주었다고 경전에서 자주 말하고 있지 않습니까. 그러나 사실은 그렇지 않았다는 것을 경전의 구석구석에서 엿볼 수 있습니다.

실제로 이와 같은 일들은 경전에 전해지고 있는 것보다 훨씬 더 많이 일어나지 않았을까요. 사람 사는 곳은 시대와 장소를 막론하고 비슷하다고 생각합니다. 나는 찐짜와 순다리 사건과 같은 내용을 읽을 때 천불화현과 같은 설화를 읽을 때보다 붓다의 역사성이 훨씬 구체적으로 또는 사실적으로 느껴집니다. 붓다의 인간적인 모습을 더 가까이에서 보는 듯합니다.

너무나 먼 세월과 함께 슈라바스띠와 기원정사의 흔적은 어렴풋하게 되고 말았지만 붓다의 체취가 가장 많이 배었을 이곳에서 초기 경전을 읽으며 옛일을 생각합니다. 역시 붓다의 발길이 스쳤을 장소들을 기웃거려 보기도 합니다. 호진 합장.

설화가 만든 불교 성지

한 번도
가 본 적 없는 곳
:::

지안 스님, 다시 보드가야의 미얀마 절 내 작은 방입니다. 8월 30일에 여행을 떠났다가 9월 18일에 돌아왔습니다. 이곳이 인도에서 나의 거점입니다. 거의 6개월째 이 방을 사용하고 있습니다. 책과 옷과 가방을 여기에 보관해 두고 가벼운 차림으로 돌아다닙니다. 이번처럼 먼 여행을 하고 이곳에 돌아오면 '나의 집'에 온 기분이 됩니다. 지난 3월 말, 보드가야에 도착하자마자 11월까지 8개월분 방값을 한꺼번에 지불했습니다. 방세는 한 달에 약 40~50달러, 괜찮은 호텔의 하루 숙박료에 지나지 않습니다. 작은 침상, 책상으로 사용하는 탁자, 책꽂이, 모기장, 전등, 벽에 달린 선풍기, 다목적으로 사용하는 커피포트와 전기 곤로, 청소와 세탁을 위한 플라스틱 양동이 등 두 평 남짓한 작은 방이지만 필요한 것은 다 갖추고 있습니다. 내가 살고 있는 4층에는 똑같은 방이 열 개 있고 공동으로 사용하는 두 개의 변소와 한 개의 세면대가 있습니다. 나는 대체로 잠잘 때만 방을 사용하고 새벽 일찍부터 온종일 베란다에서 지냅니다. 시원한 새벽 공기를 마시면서 책상 앞에 앉아 있는 이 시간이 하루 중 가장 기분이 좋고 행복합니다. 더위가 시작되기 전에 그날 계획된 공부 가운데서 중요한 부분을 해야 합니다. 10시가 넘으면 더위가 시작되니까요.

9월 14일에 슈라바스띠를 떠났습니다. 그동안 삼도보계강하지三道寶階降下地로 알려진 상까샤와 붓다가 제자들과 함께 말먹이 보리馬麥로 음식을 삼아 3개월을 지냈다는 베란자를 여행했습니다. 상까샤는 8대 성지 가운데 하나이지만 붓다가 생전에 한 번도 그곳에 간 일은 없었습니다. 나는 세 번이나 불적지 여행을 왔으면서도 이런 이유 때문에 상까샤에 가 볼 생각을 하지 않았습니다. 붓다가 도리천에 올라가서 어머니께 법을 설하고 3중 사다리를 통해 그곳으로 내려왔다는 설화에도 흥미가 없었지만 성지들 가운데서 가장 외진 곳이라 여행하기도 쉽지 않았기 때문이었습니다. 그러나 이번에는 상까샤에 꼭 가 보기로 계획을 세웠습니다. 불상 기원 전설과 관련이 있는 곳일 뿐 아니라 8대 성지 중의 한 곳이기도 하니까요. 역시 이번 여행이 나에게는 그곳을 방문할 수 있는 마지막 기회라는 이유도 있었습니다.

붓다가 생전에 한 번도 상까샤에 간 사실이 없다고 한 내 주장에 대해 몇 마디 설명이 필요하겠지요. 연구를 위해 내가 항상 도움을 받는 『인도불교 고유명사 사전赤沼智善編』의 상까샤 항(p.586)에는 이 장소 이름이 등장하는 모든 옛 문헌의 출처가 나와 있습니다. 초기 경전, 주석서, 여행기 등 총 21종입니다. 이 가운데서 경전은 13종이고, 주석서와 여행기 등이 8종입니다. 내가 지금 가지고 있지 않은 후기 주석서 몇 가지를 제외하고는 모두 확인해 보았는데 예외 없이 상까샤는 '붓다가 도리천에서 지상으로 내려온 장소'로 되어 있습니다. 안거를 지내기 위해서 또는 사람들을 교화하기 위해서 붓다가 그곳에 갔다고 말하는 경전이나 주석서는 없습니다. 도리천 설법이 허구적인 설화라면 붓다가 상까샤에 갔었다는 것도 사실일 수가 없지 않겠습니까.

슈라바스띠에서 상까샤로 가는 길은 생각했던 것처럼 상당히 힘들었습니다. 7월 14일 새벽 5시 20분에 천축선원을 나와 길가에서 1시간이 넘도록 기다린 뒤에서야 바흐라이치로(45km) 가는 합승 택시를 탈 수 있었습니다. 럭나우를(136km) 거쳐 2시 반에 깐뿌르에 (77km) 도착해서 버스를 바꾸어 타고 3시에 베와르로 출발했습니다. 길이 좋지 않아 147km를 달리는 데 5시간 반이나 걸렸습니다. 밤 8시 30분에 목적지인 상까샤를 36km 앞에 두고 발이 묶여버렸습니다. 이른 아침부터 달린 거리는 405km, 14시간 동안 자동차에 앉아 있었습니다.

베와르에는 탈 것도 잘 곳도 없었고, 정전이 되어 캄캄한 거리는 동쪽과 서쪽조차 구별할 수 없었습니다. 지칠 대로 지친 몸으로 가방 하나는 등에 메고 하나는 손으로 끌면서 한참 동안 이리저리 헤맨 뒤 우여곡절 끝에 그 도시의 유일한 숙소라고 하는 다람살라를 찾을 수 있었습니다. 그러나 방이 너무 형편없어 잠은 고사하고 숨도 제대로 쉴 수 없었습니다. 맨바닥인 데다 겨우 한 사람 누울 수 있는 작은 방에는 창문이 없어 낮 동안에 흡수된 열이 가득 차 있었습니다. 다행스럽게도(?) 옆 건물의 옥상에 잠자리를 마련할 수 있었는데 공사를 하다 만 곳이었습니다. 이미 두 명의 투숙객이 누워 있었습니다. 가방들은 방에 넣어 두고 침낭을 그들 곁에 깔았습니다. 보름을 하루 지난 둥근달이 밤새도록 잠자리를 비춰 주었습니다.

아침 일찍 오토 릭샤를 대절해서 상까샤로 달렸습니다. 규모가 상당한 미얀마 절이 있었습니다. 그날 오후에 상까샤 유적을 답사하고, 다음 날은 왕복 188km 거리의 베란자Achalpur 여행을 했습니다. 그리고는 17일 새벽 6시에 상까샤를 떠났습니다. 베와르와 깐뿌르까지는 택시와 버스, 가야까지는 열차, 마지막으로 보드가야까지는 오토 릭샤를 이용했습니다. 내 방에 도착해서 여장을 풀었을 때는 18일 오전 2시였습니다. 장장 20시간이 걸려 725km를 달렸습니다. 스님도 잘 알다시피 인도 여행이란 시간과 인내와의 싸움 아닙니까.

상까샤 여행을 하면서 지금까지 막연하게 알고 있었던 일들에 대해 나름대로 정리를 할 수 있었습니다. 붓다는 슈라바스띠에서 천불화현의 기적을 일으켜 외도들을 조복한 뒤 바로 도리천으로 올라가서 3개월간 어머니를 위해 법을 설하고 3중으로 된 사다다리를 통해 상까샤로 내려왔다는 것, 붓다가 도리천에 올라가 있는 동안 그를 뵙지 못해 병이 든 꼬삼비국의 우데나 왕과 슈라바스띠의 쁘라세나짓 왕이 조각가를 시켜 붓다의 상像을 만들게 했다는 것. 나는 지금까지 이 여러 요소들이 하나의 이야기 속에 포함돼 있는 것으로 믿었습니다. 그러나 사실은 달랐습니다.

슈라바스띠의 천불화현과 물과 불의 기적에 대한 이야기는 지난번 편지에서 말한 것이 가장 구체적이고 오리지널한 것이라고 생각됩니다. 그러나 이 설화가 나오는 문헌인 『근본설일체유부비나야잡사』는 근본설일체유부라는 부파의 율전律典이므로 이곳에 나오는 내용이 이 부파에서 만든 것인지 또는 그 이전에 있었던 것을 전승한 것인지는 알 수 없습니다. 지금까지 내가 읽은 여러 자료들 가운데서 이곳에 실린 이야기 내용이 가장 덜 복잡하고 발달되지 않은 것이기 때문에 '오리지널한 것'이라고 생각했을 뿐입니다.

이 문헌에는 붓다가 수많은 연꽃과 화신을 나타내었다고 할 뿐 '천불千佛'이라는 표현은 사용하지 않았습니다. 슈라바스띠를 '천불화현지'라고 부른 것은 후대의 문헌에서인 것 같습니다. 지난번 편지에서 이미 말했듯이 슈라바스띠의 설화는 '붓다의 화현과 물과 불의 쌍 기적, 그리고 외도들의 조복' 이야기로 끝납니다. 붓다가 도리천으로 올라가 어머니에게 설법했다는 이야기, 불상 조성 이야기, 삼도보계를 통해 상까샤로 내려왔다는 이야기들은 슈라바스띠의 기적 설화와는 관계없이 별도로 성립되어 증일아함경에 실려 있습니다. 이 이야기에서도 도리천 설법 부분과 불상 조성 부분이 다른 시기에 이루어졌다는 것을 알 수 있습니다. 앞 이야기는 뒷이야기보다 최소한 몇백 년 앞서 만들어져서 뒷날 두 이야기가 하나로 합쳐졌다고 생각합니다.

증일아함경의 「청법품」에 나오는 내용을 요약하면 이렇습니다.[79] 제석천왕이 기원정사에 머물고 있던 붓다에게 가서 "도리천에 계신 어머니께서 법을 듣고 싶어 하신다."라는 말을 전했습니다. 붓다는 혼자 도리천으로 올라갔습니다. 자신이 도리천으로 가는 것을 신통력으로 아무도 알지 못하게 해 놓았으므로 시자 아난다도, 신통과

천안이 제일이었던 목갈라나目連와 아누룻다阿那律도 붓다가 간 곳을 알 수 없었답니다. 붓다는 도리천의 선법善法 강당에서 어머니와 많은 신들天衆에게 3개월 동안 법을 설했습니다. 한편, 오랫동안 붓다를 뵙지도 못하고 소식조차 들을 수 없었던 우데나 왕과 쁘라세나짓 왕은 붓다에 대한 그리움과 근심 때문에 병이 들었습니다. 우데나 왕은 "내가 이 이상 붓다如來를 뵙지 못하면 곧 죽을 것이다."라고 신하들에게 말했습니다. 신하들의 건의에 따라 왕은 조각가를 시켜 붉은 전단栴檀 나무로 5척(약 1.5m) 크기의 불상을 조성하게 해서 예배 공양을 드렸습니다. 쁘라세나짓 왕은 우데나 왕이 불상을 만들었다는 소식을 듣고 자신도 자마금紫磨金으로 같은 크기의 불상을 만들게 했습니다. 이것이 불상의 효시입니다.

3개월 뒤 붓다가 신통을 풀자 아누룻다가 붓다의 소재를 알게 되었고, 목갈라나가 도리천으로 올라가서 붓다에게 지상으로 돌아오도록 청했습니다. 붓다는 그로부터 일주일 후 상까샤에 있는 큰 못池가로 내려가겠다고 약속했습니다. 제석천왕은 자재천을 시켜 도리천의 수미산 꼭대기에서 상까샤까지 금, 은, 수정으로 된 세 개의 사닥다리 길三道寶階을 만들도록 했습니다. 붓다는 그 세 길 중에서 금으로 된 복판 길을 택했고 오른쪽의 은銀 길과 왼쪽의 수정 길은 각각 범천과 제석천이 이용했습니다. 상까샤 큰 못가에는 우데나 왕과 쁘라세나짓 왕, 그리고 세 명의 다른 나라 왕들과 수많은 사람들이 모여 붓다의 귀환을 환영했습니다. 그때 우데나 왕은 얼마 전 전단향나무로 만든 붓다의 상像을 손에 들고 있었습니다.

우리는 중일아함경의 이 설화를 오랫동안 역사적인 사실처럼 믿어 오지 않았습니까. 이 불상 기원 설화가 오랜 세월 동안 얼마나 많은 사람들에게 큰 믿음과 깊은 영향을 주었겠습니까. 그러나 현대의 고고학자들과 불교학자들이 발굴과 연구를 통해 이 설화가 역사성이 전혀 없는 허구라는 사실을 밝혀내지 않았습니까. 새로운 불상 기원설을 말하기 시작한 것은 불과 80~90년 전인 1920년대 초부터였습니다.

스님도 알고 있는 사실이겠지만 이야기를 계속하기 위해 현대 학자들이 주장하는 불상 기원설을 간단하게 정리해 보겠습니다. 기원후 1세기 이전까지 붓다 전기를 위한 모든 조각에서 다른 인물들은 구체적인 상으로 나타내면서도 붓다의 모습만은 항상 보리수, 법륜, 삼보표三寶標, 붓다의 자리佛座와 발자국佛足 같은 상징물로 대신했습니다. 고대 인도인들은 붓다와 같은 특별한 존재를 구체적인 형상으로 나타내는 것은 불가능한 일이라고 생각했거나, 신보다 더 위대한 붓다를 형상화하는 것은 불경不敬스럽다고 생각했기 때문이라고 설명하는 학자들도 있습니다. 그러나 확실한 이유는 알 수 없습니다.

그랬던 것이 기원후 2세기, 즉 붓다의 열반 후 약 600년 무렵부터 상징물 대신 인간의 모습으로 붓다를 나타내기 시작했습니다. 첫 불상이 나온 곳은 붓다의 활동 지역이었던 갠지스 중류 지방이 아니라 생전의 붓다와는 전혀 관계가 없었던 곳, 옛 그리스인들의 식민지였던 인도의 서북 지역으로 현재의 파키스탄 간다라 지방이었습니다. 그리고 초기의 불상들은 인도인의 모습이 아니라 그곳에 살고 있던 그리스인과 닮았습니다. 지난 2004년 2월, 함께 간다라 지방을 여행하면서 그곳 박물관에서 이 사실들을 확인하지 않았습니까.

이와 같은 여러 가지 사실들은 무엇을 의미하는 것일까요. 불교가 인도 서북 지역으로 퍼져 나가면서, 간다라 지방의 조각가들이 그리스 신상神像을 만들고 있는 것을 본 불교 예술가들이 붓다의 모습을 상으로 표현하기 시작했다는 것입니다. 간다라 지방에서 나온 초기의 불상이 그리스의 신상과 그곳 인물상을 닮았다는 사실은 당시의 상황을 나타내고 있는 것이지요(이것과 다른 불상 기원설이 있지만 나에게는 이 설이 보다 설득력이 있습니다).

이상과 같은 정황으로 미루어 보아 증일아함경에 나오는 불상 조성 설화는 아무리 빨라도 불상이 나온 기원후 2세기 이후에 만들어졌다고밖에 생각할 수 없지 않습니까. 최초의 불상을 만들었다는 우데나 왕과 쁘라세나짓 왕이 죽은 후 최소한 600년 이상의 세월이 흘렀을 때의 일입니다. 600년이라는 연수는 붓다, 우데나 왕, 쁘라세나짓 왕 3인이 동시에 살았을 연대인 기원전 486년佛滅年 이전의 어느 때에다 현재 우리에게 전해진 간다라의 불상이 만들어진 기원후 2세기를 보태어 산출한 것입니다(486+약150=636년). 또한 산찌와 바르후뜨의 고대 탑 기둥과 돌 울타리欄楯의 조각에서는 도리천에서 지상으로 내려오는 붓다가 사람 모습으로 표현되지 않고 상징물인 붓다의 발자국과 보리수로 묘사됩니다. 이 두 탑의 조각에는 사닥다리의 맨 위 계단과 아래 계단에 각각 붓다의 발자국(바르후뜨)

과 보리수(산찌)가 한 개씩 새겨져 있습니다. 붓다가 도리천에서 지

과 보리수(산찌)가 한 개씩 새겨져 있습니다.

과 보리수

과 보리수(산찌)가 한 개씩 새겨져 있습니다. 붓다가 도리천에서 지상으로 사닥다리를 통해 내려왔다는 것을 나타내고 있음을 당장 알아 볼 수 있습니다. 불상 대신 상징물을 사용한 것으로 보아 이 조각을 만들었던 기원전 2세기까지는 아직 불상 조성 설화가 이루어지지 않았음을 알 수 있지 않습니까. 그런데 증일아함경의 불상 기원 설화에는 붓다의 도리천 체류 이야기와 불상 조성 이야기가 함께 나오고 있지요.

지금까지의 이야기는 네 부분으로 나누어집니다. (1) 먼저 붓다가 도리천에 올라가서 어머니께 법을 설한 뒤 삼도보계를 통해 상까샤로 내려왔다는 설화가 만들어졌다. (2) 그다음 이 설화를 바탕으로 조각들이 만들어졌는데 붓다는 발자국과 보리수라는 상징물로 표현되었다. (3) 그 뒤 간다라 지방에서 시작된 불상 조성 풍속이 어느 정도 보편화되었을 때 불상의 기원을 설명하기 위해 우데나 왕과 쁘라세나짓 왕의 불상 조성 설화가 성립되었다. (4) 마지막으로 (1)항과 (3)항의 내용이 합쳐져서 증일아함경(36경)의 「청법품」에서 볼 수 있는 설화가 만들어졌다.

여기에다 슈라바스띠에서 별도로 만들어진 붓다의 천불화현의 기적 설화까지 합류하면서 이야기는 더욱 복잡해졌습니다. 뿐만 아니라 후대의 스리랑카 아비담마 논사들은 붓다가 도리천에서 어머니 마야 부인에게 했던 법문 내용이 아비담마7論였다고 주장했습니다. 그들은 자신들의 논장 성립 근거까지 이 설화를 이용했습니다.[80]

지안 스님, 지금까지 긴 이야기를 했으면서도 정작 현재의 상까샤Sankisa-Basantpur에 대해서는 한마디도 하지 않았군요. 그곳에 도착했던 그날, 미얀마 절에서 점심 공양을 하고 바로 유적지 답사를 하러 갔습니다. 한낮의 더위가 대단했습니다. 도로에서 솟아오르는 열기에 얼굴이 후끈거렸습니다. 옥수수가 한창 익어가고 있는 벌판을 가로질러 동북쪽으로 약 20분쯤 걸어갔더니 제법 높은 언덕 위에 마을이 나왔습니다. 거기에서 약 10분 거리, 길이 갈라지는 삼거리 복판에 한 그루의 큰 보리수가 서 있고 그 뒤쪽에 기둥과 지붕으로만 이루어진 작은 시멘트 건물이 있었습니다. 그 안에 사르나트의 박물관에 소장되어 있는 4두頭 사자상 주두柱頭와 거의 비슷한 주두가 있었습니다.

뒤집어 놓은 종 모양의 연꽃과 둥근 받침대, 그 받침대를 딛고 키가 1m쯤 되는 작은 코끼리가 얌전한 모습으로 서 있었습니다. 주두의 전체 높이는 연꽃 부분까지 합쳐 2m쯤 되었습니다. 코끼리상의 코는 완전히 떨어져 나가버렸고 머리의 오른쪽 부분과 꼬리 역시 사라져 버렸습니다. 그것이 코끼리라는 것을 알아보기도 어려운 상태였습니다. 이 주두가 그 옛날(기원전 250년경) 아쇼까 왕이 상까샤의 사적事跡을 기념하기 위해 세우게 했다는 석주의 일부분이라는 것입니다. 법현과 현장 법사가 그곳에서 본 것은 약 12m(20肘) 또는 20m(70餘尺) 높이의 석주 위에 얹혀 있던 '웅크리고 앉은 사자상'이었답니다.[81] 그렇다면 그들이 보았다는 그 상과 현재 상까샤에 남아 있는 '얌전한 모습의 서 있는 코끼리상'은 다른 석주의 상일까요. 아

一 호 진 一

니면 그 두 사람이 모두 코끼리를 사자로 착각했던 것일까요.

코끼리상에서 20m 정도 떨어진 곳에 잡초로 뒤덮인 약 10m 높이의 봉분封墳 같은 것이 있었습니다. 잡초 밑으로 오래된 벽돌들이 층을 이루고 있었습니다. 옛 탑의 유적 같아서 비탈길을 따라 위로 올라가 보니 금방이라도 쓰러질 것 같은 허술한 힌두교 사당이 있었습니다. 상까샤에서 내가 보았던 것은 이것이 전부였습니다. 법현과 현장 법사가 보았다는 삼도보계의 일부분과 아쇼까 왕의 석주와 탑들, 사원은 어디쯤에 있었을까요. 사방을 둘러보아야 한낮의 뜨거운

태양 아래 지평선까지 아득히 펼쳐진 평야만 시야에 들어올 뿐이었습니다. 숙소로 돌아오는 길에 마을의 이곳저곳을 기웃거려 보았습니다. 집들과 가축들은 더위에 지쳐버린 듯 조용했고 골목길에서 만난 몇 명의 아이들만 내 뒤를 따라다녔습니다.

되풀이되는 말이지만 붓다가 어머니를 위해 도리천에 올라가 법을 설하고 지상으로 내려온 장소가 상까샤였다는 설화는 나에게 아무런 의미도 없습니다. 상까샤가 적은 관심거리라도 된다면 이곳이 설

153

화의 무대라는 사실입니다. 붓다와는 생전에 인연도 없었던 이곳이 어떻게 해서 도리천 설법과 삼도보계강하와 같은 설화의 무대가 되었으며 불교 8대 성지의 하나로까지 되었을까요. 다른 성지들과 관련된 설화들, 즉 천불화현千佛化現, 취상조복醉象調伏, 원왕봉밀猿王奉蜜 같은 설화 역시 역사적인 사실이 아닌 것은 틀림없습니다. 그러나 이 설화들의 무대가 된 슈라바스띠, 라자그리하, 바이샬리는 붓다와 인연이 깊었던 장소들이었기 때문에 그곳들을 배경으로 그와 같은 설화들이 만들어질 수 있었습니다. 충분히 이해할 수 있는 일 아닙니까. 그런데 상까샤의 경우는 반대입니다. 그곳이 중요한 장소였기 때문에 설화가 생긴 것이 아니라 설화 때문에 그곳이 유명하게 되었다는 점입니다. 도대체 그곳에 맨 처음 이와 같은 설화가 생기게 된 원인은 무엇이었을까요. 내 의문은 이번의 현지답사 후에도 여전히 풀리지 않았습니다. 호진 합장.

새 시대의
나침반이 될 순례
::

호진 스님, 슈라바스띠와 상까샤에서 보낸 편지 재미있게 읽었습니다. 편지 속의 옛날이야기, 불전의 설화들을 읽으면서 인용한 경전의 내용들을 복습도 하고 아리송한 기억들을 되살릴 수도 있었습니다. 슈라바스띠에서 보낸 첫 번째 편지는 이상하게도 스님의 고단한 여정이 매우 낭만적으로 느껴졌습니다. 스님이 어두운 밤에 차를 타고 가면서 신변의 위협을 느꼈다는 대목도 내게는 아름다운 이야기로 들렸습니다. 누가 그런 경험을 쉬이 할 수 있겠습니까. 그래서 스님의 여행이 너무나 알찬 체험으로 가득하다는 것을 알고 새삼 부러움을 느꼈습니다. 나는 인도 불적지 순례를 여덟 번이나 했습니다만 모두가 주마간산 격이었고 제대로 알찬 여행을 해 보지 못해 항상 미흡한 마음으로 돌아오곤 하였습니다. 하기야 스님처럼 큰 원력으로 대단한 정성과 정열을 가지고, 역사 속의 진실한 부처님을 찾으려는 큰 뜻을 품고 성지에 가지를 못했었지요. 하지만 스님이 순례하면서 생각한 문제들에 대해 편지 글을 읽으면서 금방 공감이 됩니다.

나는 천불화현의 이야기나 상까샤 이야기뿐만 아니라 불교 경전에 설해져 나오는 숱한 설화들에 대하여 그 상징성은 이해하지만, 이런

155

이야기들을 맹신하고 역사적 사실인 것으로 잘못 인식할 때 생길 수 있는 폐단에 대해 우려해 왔습니다. 그래서 여러 경전들을 대조하며 부처님의 행적에 대해 진지한 고찰을 함으로써 올바른 이해를 할 수 있도록 도와주는 스님의 탁견에 감탄하고 있습니다.

종교는 자칫 교조의 역사를 미화시키기 위해 허구적이고 초역사적인 이야기들을 서슴지 않고 하는 경향이 많습니다. 그것은 아마 신앙심을 고취시키기 위한 방편이라고 할 수 있겠지요. 그러나 그러한 설화들이 가지는 전설의 상징성을 잘못 받아들이면 맹신에 빠져 문제가 생기지요. 결과적으로 그것을 믿는 사람들이 그 이야기에 의해서 오도되어 그릇된 종교관과 인생관을 가지기 쉽다는 것입니다. 때문에 이렇게 오도되는 것을 방지하기 위하여 중간자의 역할이 있어야 하고 올바른 이해를 하도록 도와주는 노력도 있어야 할 것입니다.

흔히 말하는 정법구현의 기치를 올려야 한다는 생각이 듭니다. 나는 이번에 스님이 인도 불적지 도보 순례를 통해 연구하고 체험하는 일들이 개인적인 차원을 넘어서 다른 사람들에게도 적지 않은 의미를 지니는 것이라고 생각합니다. 1년이라는 짧지 않은 기간을 인도에 체류해서 직접 불적지를 찾아다니고 경전이나 율장을 대조하면서 부처님의 행적을 추적하고 연구해 본 일이 우리나라 불교사에서는 거의 없었던 일이 아닌가 생각합니다.

마침 스님의 편지를 받아 읽으며 즐거움을 느끼고 있는 요즈음, 나는 신라의 혜초慧超가 남긴 『왕오천축국전』을 자세히 읽고 있습니다. 신수대장경 51권에 수록되어 있는 『유방기초遊訪記抄』에 들어 있는 원문을 정독하며 나름의 번역을 시도하고 있습니다. 여기에도 상까샤의 삼도보계의 이야기가 나옵니다. 스님이 말한 것처럼, 부처님이 도리천에 올라가 어머니 마야 부인을 위해 설법을 하고 내려오실 때 범천과 제석천이 부처님을 좌우에서 모시고 내려왔다는 곳이지요. 도리천에서 설한 법문이 『지장보살본원경地藏菩薩本願經』이라 하여 중국이나 우리나라에 널리 유통되기도 하였습니다. 이 삼도보계를 제석천이 부처님을 위하여 만들었다고 설화에서는 말하지요. 스님도 알고 있는 바와 같이 법현 법사가 이곳에 갔을 때는 삼도보계의 대부분은 땅속에 파묻히고, 지상에 남아 있던 7계단七級은 볼 수 있었다고 합니다. 현장이 갔을 때와 혜초가 갔을 때는 탑이 있었다 하고, 특히 혜초는 이곳의 탑을 슈라바스띠, 바이샬리, 룸비니에 있는 탑과 합쳐 4대 탑이라 기록하고 있습니다. 스님이 방문했을 때의 초라함과는 물론 달랐겠지요.

이번 편지에서 스님이 주장하고자 하는 바와 같이 설화를 통한 비약적인 부처님 이야기는 부처님을 너무 우상화하여 불교의 본령을 곡해시킬 위험이 있다는 것에 충분히 공감을 합니다. 다만 인류의 역사가 시대에 따라 변천해 오면서 그 시대의 정서가 있었겠지요. 그렇더라도 현대의 과학 문명의 정서 속에서 사람이 아닌 천인天人이 건축을 한다거나 귀신이 집을 짓는다는 이야기는 전설로는 받아들일 수 있으나 현실로는 받아들이기 곤란한 것입니다. 혜초는 또 용수 보살이 야차신을 시켜서 만든 절이 있더라는 기록도 하고 있습니다. 물론 『삼국유사』에도 경주의 분황사 근처 어디에 귀신들이 놓은 다리가 있었다는 기록이 있습니다.

불교도 이젠 현대의 복잡한 현실 속에서 이성이 용납하지 않는 허구적인 요소를 주입하려는 노력은 자제하는 것이 옳다고 생각됩니다. 호진 스님, 우리가 불교를 가르치는 입장이라면 우리가 가르치려는 불교의 교과서가 새롭게 수정되어야 하지 않겠습니까. 학교의 교과서도 때가 되면 수정하여 가르칩니다. 우선 부처님 전기 하나라도 현대인들이 친밀하게 읽을 수 있도록 표준이 될 수 있는 것이 나왔으면 합니다. 스님이 그 일을 담당해 주시리라 믿고 있습니다. 스님의 건강과 무사 일정을 축원 드리고 있습니다. 지안 합장.

붓다의 마지막 여정

원하는 만큼
머문 뒤에
::

지안 스님, 오늘은 9월 28일. 내일 다시 도보 여행을 떠납니다. 여정은 라즈기르의 영취봉에서 꾸시나가라 열반당까지입니다. 먼저 라즈기르로 가서 하루 지낸 뒤 다음 날 아침 일찍 영취봉에서 본격적인 여행을 시작하려고 합니다. 보드가야에서 녹야원까지의 여행길이 '초전법륜의 길'이라고 한다면 영취봉에서 열반당까지의 길은 '열반의 길'이라고 할 수 있겠지요. 이 길은 붓다가 50여 년 동안 수행과 교화를 위해 가장 많이 걸었던 길이었습니다. 출가할 때도 이 길을 걸었고 생애의 마지막에도 이 길을 걸었습니다. 붓다는 이 길을 통해 종교적인 삶을 시작했고 이 길 위에서 생을 마감했습니다.

나처럼 초기 불교를 연구하고 있는 사람에게 이 길은 가장 큰 관심의 대상이 되지 않을 수 없었습니다. 붓다가 걸었던 길, 건넜던 강, 머물렀던 마을, 만났던 사람들…. 2,500여 년이 지난 지금 모든 것은 붓다 당시와 비교해서 상상도 할 수 없을 정도로 변해 버렸겠지만, 그 길을 걸으면 붓다를 좀 더 가까이서 보다 구체적으로 느끼고 이해할 수 있을 것 같은 생각이 듭니다. 역시 붓다의 마지막 날들, 병과 죽음과 최후의 가르침 등 붓다의 인간적인 모습을 많이 생각하게 해 줄 것 같습니다.

이번 여행을 위해 읽고 있는 열반경은 『마하빠리닙바나숫따Mahā-parinibbānasutta, 大般涅槃經』와 『유행경遊行經』입니다. 이 경들은 지금까지 나름대로 자세하게 연구했지만 이번 여행 때도 가지고 갑니다. 스님도 잘 알다시피 열반경에는 붓다의 마지막 여행 내용과 여정에 대한 많은 이야기가 실려 있습니다. 붓다의 마지막 2년 동안의 삶을 상당히 구체적으로 전해 주고 있을 뿐 아니라 붓다가 걸었던 길까지도 사실에 가깝게 추정할 수 있도록 해 줍니다. 그 당시의 마을과 도시 이름은 현재의 명칭과 다른 곳도 있지만 그 가운데 중요한 것은 동일합니다. 열반경은 이번 여행을 위한 길 안내서 역할도 합니다.

2,500여 년 전의 도시와 마을들 가운데서 특별하지 않은 곳은 대부분 없어져 버렸거나 설사 지금까지 남아 있다 해도 그 이름이 변경되었을 것입니다. 그러나 붓다의 마지막 여행의 출발지점인 라자그리하(라즈기르)와 종착지점인 꾸시나가라는 확인되었고, 이 두 곳을 연결하는 날란다, 빠딸리뿌뜨라(빠뜨나), 바이샬리, 빠바(파질나가르) 역시 알 수 있으므로 이 도시들을 거처 여행한다면 지난날 붓다가 여행했던 여정과 거의 비슷하게 될 것입니다.

출발 날짜는 10월 1일로 정했습니다. 붓다가 마지막 여행을 떠난 것은 안거가 끝난 직후였다고 생각됩니다. 비구들은 우기 3개월 동안에는 한곳에 머물러 수행을 하고 우기가 끝나면 사방으로 흩어져 행각行脚을 했지 않습니까. 스님도 잘 알고 있다시피 열반경은 붓다가 영취산에서 아자따사뜨루阿闍世 왕의 대신인 밧사까라에게 법을 설하고, 이어서 라자그리하 근방에 거주하고 있던 모든 비구들을 강당에 모이게 해서 법을 설하는 것으로 시작되지요. 이 법회는 안거를 보내고 제자들이 사방으로 흩어지기 전에 했던 것이었다고 생각됩니다. 붓다는 설법을 끝낸 뒤 곧 아난다와 함께 여행을 떠났습니다.

인도에서 오랫동안 체류했던 현장 법사에 의하면 인도 승려들은 당唐나라 달력으로 5월 16일에 안거에 들고 8월 15일에 안거를 끝냈습니다(『大唐西域記』 8권). 당나라 달력이 지금 우리가 사용하고 있는 음력과 같은 것이었다면 5월 16일과 8월 15일은 태양력으로 6월 중순과 9월 중순쯤 되지 않습니까. 올해 보드가야에서 우기를 알리는 첫 비는 6월 4일에 왔지만 본격적인 비는 6월 16일부터 시작되었습니다. 그리고 8월 말 또는 9월 중순에 우기는 끝났습니다. 이것으로 미루어 보아 붓다가 영취산에서 안거를 끝내고 여행을 떠난 것은 9월 하순에서 10월 초순의 어느 때였을 것입니다. 내가 여행 출발 날짜를 10월 1일로 정한 이유는 비슷하게라도 붓다가 했던 여행 시기와 맞추기 위해서였습니다.

지안 스님, 우리는 붓다가 마지막 여행을 떠났을 때 80세였다고 믿고 있지 않습니까. 그러나 열반경을 읽으면서 나는 오래전부터 이와 다른 사실을 알게 되었습니다. 여행을 시작했을 때는 79세였고, 바이샬리에서 병에 걸렸을 때는 80세, 꾸시나가라에서 열반에 들었을 때는 81세였다는 것입니다. 이렇게 생각하는 근거는 다음과 같습니다.

붓다는 영취산을 떠난 뒤 여러 장소들을 방문했는데 가는 곳마다 제자들과 신도들을 가르치면서 '원하는 만큼 머무신 뒤' 다른 곳으로 옮겼다고 합니다. '원하는 만큼 머무신 뒤'라는 말이 정확하게 얼마 동안을 가리키는지 알 수 없습니다. 며칠일 수도 있고 몇 달일 수도 있지 않겠습니까. 여하튼 영취산에서 내려와서 라자그리하, 암바랏티까 동산, 날란다, 빠딸리뿌뜨라, 꼬띠 마을, 나디까 마을, 바이샬리 등 여러 도시와 마을들에서 '원하는 만큼 머무신 뒤' 다른 장소로 옮기곤 했습니다. 마지막으로 바이샬리 근처 벨루바 마을에서 다시 우기를 맞아 안거에 들어갔습니다. 영취산에서 안거가 끝난 것이 9월 중순이었다면 벨루바 마을에서 맞이한 안거는 그다음 해의 6월 중순이었습니다. 그사이 9개월이 지나갔습니다.

붓다는 이 안거 중에 중병에 걸렸습니다. 그 병은 '죽을 정도로 심한 고통'을 그에게 주었다고 합니다. 이때가 7월이었을까요, 아니면 8월이었을까요. 붓다는 굳센 의지로 마음을 다스려 병을 극복했습니다. 어느 날 병문안을 하는 아난다에게 붓다는 "아난다야, 이제 나도 늙었다. 내 나이가 여든이 되었다."라고 말합니다. "붓다가 80세에 마지막 여행을 떠났다, 80세에 돌아가셨다."라고 하는 그 '80세'는 붓다가 아난다에게 했던 이 말에서 근거한다고 생각됩니다. 하지만 영취산을 떠났던 것이 그 전해의 안거가 끝난 뒤 9월 중순에서 10월 초순의 어느 때였다고 보고, 바이샬리 근처 벨루바 마을에서 다시 맞이한 안거 중에 병이 들었다가 건강을 되찾은 때를 7월 중순에서 8월 중순의 어느 때였다고 본다면 영취산을 떠난 이래 그때까지 어림

잡아 10개월이 흘렀습니다. 그래서 이보다 10개월 전, 라자그리하를 떠나던 당시 붓다는 79세였다고 생각하는 것입니다.

붓다가 열반에 들었을 때 81세였다는 사실도 다음과 같은 계산에서 나옵니다. 건강을 회복한 어느 날 붓다에게 마라魔羅가 나타나서 '이제 때가 되었으니 반열반에 드시라'고 끈덕지게 권했습니다. 마침내 붓다는 "지금으로부터 3개월 후에 반열반에 들겠다."라고 약속했습니다. 이것은 안거가 거의 끝나 가던 때의 일이었던 듯합니다. 마라와의 약속 후 곧 붓다는 바이샬리 주변에 있던 모든 비구들을 한곳에 모이게 한 뒤 지난번 영취산에서 했던 것처럼 법을 설했습니다. 이 모임에서 붓다는 대중들에게 '3개월 후 반열반에 들겠다'는 자신의 뜻을 알렸습니다. 붓다는 그 법문을 끝내고 여행길에 올랐습니다. 여행의 시작은 안거가 끝났음을 의미하는 것이지요. 붓다는 이번에도 이전처럼 여러 도시와 마을을 거쳐 여행을 한 뒤 빠바라는 곳에 도착했습니다. 경전에서는 이 기간의 이야기를 짧게 하고 있지만 지도에서 거리를 재어 보니 안거 전에 했던 여행 거리(약 150km)보다 좀 더 멉니다. 영취산에서 바이샬리까지 가는 데 최소한 8개월이 걸렸다면 이번 여행도 앞 여행에서와 비슷한 시일이 소요되었을 것입니다.

붓다는 빠바 마을의 쭌다라는 사람 집에서 음식 공양을 받고 병에 걸려 그날 밤 꾸시나가라에서 열반에 들었습니다. 그때가 5월 중순으로서, 올해의 열반일은 5월 19일이었습니다. 바이샬리 근처 벨루바 마을에서 안거를 보내면서 아난다에게 "나도 이제 80세가 되었다."라고 한 것이 그 전해의 6월 중순에서 9월 중순 사이였으므로 꾸시나가라의 열반의 자리에 누웠을 때 붓다는 81세였다는 것입니다.

지안 스님, 이곳은 라즈기르의 벵갈 절입니다. 지난 2월 초부터 3월 말까지 머물렀던 곳입니다. 보드가야에서 편지를 쓰다가 끝내지 못하고 어제 오전 10시에 그곳을 떠났습니다. 새벽부터 찬비가 시름시름 그치지 않았습니다. 심하게 파손된 도로를 따라 느릿느릿 달리는 고물 버스, 비에 젖은 시골길과 비참하게 초라한 마을들, 안개비로 흐려진 막막한 평원이 먼 길을 떠나야 하는 나그네의 수심을 한층 깊게 해 주었습니다. 과연 이 여행을 무사히 끝낼 수 있을까, 어떤 돌발적인 일이 일어나지나 않을까, 매일 어디에서 자고 어디에서 먹을까, 심한 병에라도 걸린다면 이번 여행이 마지막 길이 되지 않을까…. 여행을 떠나기 전날에는 대체로 불안한 마음이 되기 마련이지만 비 오는 날이라서 더욱 감상적이 되었던 것 같았습니다. 1년 전, 경주를 떠날 때 다시 돌아가지 못할 경우를 생각해서 모든 것을 정리했습니다. 모든 것을 정리했다고 하니 좀 거창해 보이지만 나 같은 독獨살이에게는 '책과 얼마간의 남은 돈을 어디에 기증해 달라'는 한 줄의 글로 충분했습니다. 이번에도 며칠 전 '유언 편지'를 델리에 유학하고 있는 두 제자에게 보냈습니다. 그들에게 3일마다 내 위치를 알리기로 하고 3일이 지나도 연락이 없을 때는 그 근방에서 사고가 발생한 것으로 알고 지역 경찰서에 가서 시체를 찾아볼 것, 찾을 수 있다면 그 자리에서 화장해서 재를 뿌려 달라는 것이 내용이었습니다. 내가 갖고 있던 현금인출 카드를 그들에게 보내면서 필요한 비용을 해결하도록 했습니다. 참 간단하지 않습니까.

지안 스님, 우리가 살아 있는 동안에는 삶이 중요하고 복잡한 무엇처럼 생각되지만 막상 죽음 앞에 설 때는 얼마나 무의미하고 단순한 것인지 이번 여행 준비를 하면서 한 번 더 생각했습니다. 한 움큼의 재가 되어 붓다가 걸었던 길 위의 어떤 지점에서 잠시 동안 흩날리다 흔적도 없이 사라져 버리는 것도 괜찮은 일 아니겠습니까. 죽는 사람이 산 사람에게 남길 수 있는 것 가운데서 무엇이 가장 바람직한 것일까요. 그를 때때로 기억하면서 그리워할 수 있을 몇 토막의 추억 같은 것일까요. 지안 스님, 우리 두 사람에게 그와 같은 어떤 것은 있겠지요. 내일 아침 일찍 먼 길을 떠납니다. 안녕히. 9월 30일 왕사성에서, 호진 합장.

절뚝이며,
옛일을 생각하네
::

지안 스님, 이곳은 바이샬리의 태국 절입니다. 오늘은 10월 11일, 여행을 시작한 지 열하루째입니다. 그저께 오후 이곳에 도착해서 휴식을 취하고 있습니다. '내일은 오늘보다 낫겠지'라는 생각에 위안과 용기를 얻지만 그 '내일'이 되면 오늘과 비슷하거나 오히려 더 심한 어려움을 만나게 됩니다. 지금까지 걸은 거리는 160km, 여정의 약 절반입니다.

10월 1일, 아침 일찍 라즈기르의 영취봉으로 갔습니다. 향실 앞 바위틈에 향을 꽂아 피우고 잠깐 동안 좌선을 한 뒤 그곳을 뒤로했습니다. 첫날은 날란다까지 20km를 걸어서 오후 2시 반쯤 되어 도착했습니다. 다음 날은 비하르 샤리프까지 13km를 이동했는데 더위와 피로 때문에 도저히 더 이상 걸을 수 없어 오후 여행은 포기해야 했습니다. 선풍기조차 없는 호텔방에서 바깥의 열기가 안으로 들어오지 못하게 창문을 닫아걸고 다음 날 새벽 6시 반까지 머물렀습니다. 셋째 날 역시 힘들었습니다. 찬디까지 20km, 그날 밤은 그곳 경찰서 구내 힌두교 신을 모신 건물의 처마 밑 공간에서 잠을 잤습니다.

167

넷째 날부터 진짜 고생이 시작되었습니다. 찬디에서 파뚜하까지는 26km. 새벽 2시에 일어나 손전등을 켜 놓고 일기를 정리한 뒤 전날 먹다 남겨 둔 사모사(만두 비슷한 음식) 두 개와 사과 한 개, 그리고 미숫가루로 아침 식사를 하고 5시 30분에 출발했습니다. 몸도 많이 무거웠지만 발 상태가 좋지 않았습니다. 오후 4시가 넘어서 목적지에 도착했는데 잠잘 곳이 없었습니다. 지도상으로는 파뚜하가 제법 큰 도시로 표시되어 있었기 때문에 숙소 문제는 걱정도 하지 않았는데 실망이 적지 않았습니다. 그날 밤에도 경찰서에서 신세를 지기로 하고 릭샤꾼에게 그곳에 데려다 달라고 했더니 도착한 곳은 철도역에 근무하는 경찰들의 작은 사무실이었습니다. 한구석에 침낭을 깔아 잠자리를 만들었습니다. 다섯 번째 날은 새벽 3시에 기상해 일기를 정리하고 전날과 같은 음식으로 식사를 마친 후 5시에 출발했습니다. 아직 어둠이 가시지 않은 길에는 사람들이 거의 없었습니다. 빠뜨나까지는 25km로 좀 빠듯한 여정이었습니다.

　빠뜨나는 비하르 주의 주도州都입니다. 대도시로 통하는 길이었기 때문에 자동차가 꼬리에 꼬리를 물고 엉금엉금 기다시피 했습니다. 도로가 좁고 낡은 데다 대형 트럭들이 계속해서 경적을 크게 울려대었기 때문에 긴장을 늦출 수 없었습니다. 3시경에 빠뜨나의 남쪽에 도착했는데 심한 피로와 허기와 발의 통증 때문에 더 이상 걸을 수 없었습니다. 나머지 부분은 다음 날 채우기로 하고 릭샤를 잡아 시내로 들어갔습니다. 5시쯤 되어서야 호텔에 여장을 풀었습니다. 아픈 발을 살펴보았더니 양쪽 발가락이 세 개씩 심하게 탈이 나 있었습니다. 빠뜨나에서 하루를 머물면서 휴식을 취하지 않을 수 없었습니다. 다음 날, 아픈 발 때문에 쩔뚝거리면서 전날 걷지 못했던 길을 걸었습니다. 호텔에서 40~50분의 거리, 그러고는 붓다 가뜨 Buddha Ghat를 찾아 나섰습니다. 붓다의 마지막 여행 때 갠지스 강변에 전송 나갔던 마가다의 두 대신이 붓다가 강을 건넌 곳을 '고따마 나룻터'라고 이름 지었다는 내용이 열반경에 나오지 않습니까. 현존하는 '붓다 가뜨'가 그 옛날 '고따마 나룻터'라고 확인되었다는 내용을 최근에 출판된 인도 성지 안내서에서 읽고 반신반의했습니다. 마우리야 대제국의 수도였던 빠딸리뿌뜨라의 궁전 터가 어디인지도 모르지 않습니까. 역시 아쇼까 왕 당시 6만 명의 수행자들이 살았을 뿐 아니라 제3결집을 했다는 아쇼까라마阿育王園寺의 유적조차도 알지 못하는데 붓다가 강을 건넜던 나루터가 확인되다니요.

　사람들에게 묻고 물어 마침내 붓다 가뜨를 알아내었습니다. 낮은 집들이 줄을 서 있는 복잡한 강변에 가뜨가 여러 개 있었습니다. 가뜨란 강변의 계단을 말합니다. 그곳에서 죽은 사람을 화장하기도 하고 제사를 지내고 종교적인 목욕을 하기도 합니다. 한 가뜨 입구에 '부드가뜨Budhghat'라는 표지판이 붙어 있었습니다. 이것이 여행 안내서에서 말하는 '붓다 가뜨'라는 것이었습니다. 그곳에는 힌두교 신도들이 기름불을 켜고 기도를 올리고 있었습니다. 부드가뜨는 여러 가뜨 중의 하나일 뿐 불교적인 시설이 아니라는 것을 한눈에 알 수 있었습니다. 붓다 또는 고따마라는 이름도 볼 수 없었을 뿐 아니라 나루터도 아니었습니다. 부드가뜨를 나와 다른 곳에서 나루터를 찾아

보기로 했습니다. 얼마 떨어지지 않은 곳에 두 척의 작은 배가 정박
해 있었습니다. 이 선착장이 붓다가 강을 건넜을 때 이용했던 그 나루
터는 아닐 것입니다. 그러나 붓다는 그 근처 어느 지점에서 배를 탔을
것이라고 생각했습니다. 왜냐하면 옛날부터 빠뜨나Pāṭaligāma 사람들
은 갠지스 강을 건너는 데 가장 편리한 지점을 알고 그곳을 나루터
로 했을 것이고 지금도 마찬가지일 것이기 때문입니다. 모든 여정을
걷기로 했지만 갠지스 강은 붓다처럼 배를 타고 건너고 싶었습니다.

다음 날(7일) 아침 일찍 그 선착장에 나가 기다렸더니 도자기와
사람들을 가득 실은 배가 강을 건너왔습니다. 노를 젓는 배에 발동
기를 부착해서 만든 통통선이었습니다. 돌아가는 배의 승객은 나
혼자뿐이었습니다. 열반경에서는 붓다가 "비구들과 함께 날아서 (
강을) 건넜다."라고 되어 있습니다. 그렇지만 실제로는 나루터에 전송
나갔던 마가다의 두 대신들(수니다, 밧사까라)이 마련한 배를 이용했
을 것이 틀림없습니다. 아자따사뚜르 왕의 명으로 빠뜨나에 성을 쌓
고 있던 두 대신이 붓다와 제자들을 위해 강을 건널 배 한 척 준비
할 수 없었겠습니까. 강 복판에서 사방을 둘러보니 망망하다고 표현
해야 할 정도로 넓었습니다. 상류 쪽으로는 수평선이 보이기까지 했
습니다.

한 시간쯤 후에 배가 닿은 곳은 사발뿌르Sabalpur, 지도에도 나
오지 않는 강변의 작은 마을이었습니다. 시간은 겨우 9시밖에 되지
않았으므로 다음 도시인 랄간즈까지 가기로 했습니다. 그러나 배에
서 내려 얼마 걷지 않아 가방의 바퀴굴대가 부러져 버렸습니다. 고

장 난 가방을 릭샤에 싣고 5km쯤 되돌아 나와 하지뿌르로 갔습니다. 가방을 사기 위해 시내의 몇 상점을 돌아다녔더니 거의 11시, 그 시간에 다음 도시까지 가기 위해 길을 떠나기에는 너무 늦었으므로 그날 여행은 그것으로 끝내었습니다. 여정은 빠뜨나에서 하지뿌르까지의 거리인 21km로 계산했습니다. 작은 호텔방에서 뜨거운 바람만 안겨 주는 선풍기와 함께 18시간을 더위 속에서 심한 소음을 견뎌야 했습니다. 다음 날이 인도 2대 명절 가운데 하나인 두르가Durga 신의 축제일이라 도시 곳곳에서 고성능 확성기로 밤늦게까지 음악을 틀어댔습니다. 소음과 같은 음악 소리는 더위보다 더 큰 고통이었습니다.

8일 아침 6시에 하지뿌르를 출발, 지나는 마을마다 온통 축제 분위기였습니다. 마을 앞길 양쪽으로는 색색의 종이가 긴 줄에 매달려 팔랑거리고 아름다운 사리를 입은 여인들과 아이들은 고목 보리수 밑에 모셔진 두르가 신에게 공양물을 올리고 있었습니다. 우리나라의 부처님 오신 날과 비슷한 분위기였습니다. 랄간즈에 도착했을 때는 오후 4시가 넘었습니다. 이동 거리는 20km. 너무나 지친 데다 탈이 난 발은 걸음을 옮길 때마다 고통을 주었습니다. 밤에는 오토바이와 자전거를 넣어 둔 경찰서 차고에 누워 전날처럼 도시 전체를 들썩이는 음악 소리를, 자다 깨다 반복하며 새벽까지 들어야 했습니다.

다음 날 일어나 마당가의 수도에서 소금과 함께 물을 양껏 마시고 수통을 채운 뒤 6시에 길을 떠났습니다. 목적지 바이샬리까지는 15km, 서둘지 않아도 될 여유 있는 거리였습니다. 한적한 촌길에는 차량통행도 거의 없었고 인적도 드물었습니다. 도로변에는 키 큰 바나나가 가로수처럼 아름답게 줄을 지어 서 있었습니다. 붓다가 제자들과 함께, 또는 시자 아난다만을 데리고 여러 차례 여행을 했을 것 같은 길이었습니다. 오후 1시 30분에 바이샬리 시市 대문 근처의 태국 절에서 여장을 풀었습니다.

지금까지 거쳐 온 길은 붓다가 걸었던 길과 거의 같을 것입니다. 영취산에서 라즈기르, 날란다, 비하르 샤리프, 누르-사라이, 찬디, 나가르-나후사, 다니아완, 파뚜하, 빠뜨나, 갠지스 강, 사발뿌르, 손뿌르, 하지뿌르, 랄간즈, 바이샬리. 이들 마을과 도시 가운데서 중심은 라즈기르와 날란다, 빠뜨나와 바이샬리입니다. 열반경에 따르면 붓다가 마지막 여행을 하면서 이 네 도시에서 가장 오랫동안 머물렀습니다.

지안 스님, 어제 쓰다 둔 편지를 계속합니다. 이곳 바이샬리 여행은 이번이 다섯 번째입니다. 1981년 유학을 마치고 귀국하는 길에, 그리고 1992년과 1995년 불적佛跡 답사를 위해 이곳에 왔었습니다. 아쇼까 석주와 대탑, 원숭이 연못, 진신사리 탑 터, 암바빨리 집 터, 박물관 등은 지난 2월초 룸비니에서 라즈기르로 가는 길에 답사했기 때문에 이번 여행길에는 들르지 않기로 했습니다. 그 대신 붓다가 마지막 안거를 보내었던 벨루바 마을Beluvagāma을 찾아보고 싶었습니다. 붓다는 이곳에서 '죽을 것 같은' 중병에 걸렸습니다. 붓다의 '열반 여행'은 이곳에서부터 시작되었다고 해야 할 것입니다. 현재까지 벨루바 마을이 어디인지 알려지지 않았습니다. 그런데 이곳 태국 절 주지스님에 의하면 최근에 바이샬리 고고학자들이 그곳 유적지를 찾아 발굴했다고 합니다.

오늘 오후 주지스님의 제자가 절⇒ 자동차로 그곳에 데려다 주었습니다. 좁고 구불구불한 촌길, 논과 밭, 옛 모습 그대로의 마을들을 가로질러 약 20분쯤 달린 뒤에 베다울리아 가다Bedaulia Gadha라는 마을에 도착했습니다. 마을 근처의 작은 강은 다리가 끊어져 차가 통행할 수 없었습니다. 물이 허벅지까지 올라오는 강을 건너 숲을 지나자 밭과 마을이 나타났습니다. 마을 입구에 잡초로 뒤덮인 제법 큰 규모의 동산 같은 것이 있었는데, 그것이 벨루바라고 했습니다. 좀 더 정확히 말해서 벨루바 마을竹林村에 있었던 사원精舍 또는 탑 유적지라고 해야겠지요. 고적 안내판도, 발굴 흔적도 없었습니다. 유적지의 높이와 넓이, 길이가 각각 약 3m, 20m, 35m였는데 방치되어 있는 상태였습니다. 어떻게 이곳을 벨루바 유적지라고 생각하게 되었는지 의문스러웠습니다.

『대반열반경』(3장 1)에 의하면 벨루바 마을은 바이샬리 바로 근처였던 것 같습니다. 붓다가 80세의 노구인데도 벨루바에서 바이샬리까지 아침에 탁발을 하러 다녔으니까요. 오늘 가 본 벨루바는 태국 절에서 약 10km 거리라고 했습니다. 아쇼까 왕의 석주와 박물관 곁의 진신사리 탑 유적이 있는 바이샬리 중심에서는 약 14km로 붓다가 아침에 탁발을 하러 다닐 수 있었던 거리는 아니었습니다.

지안 스님, 이곳은 꾸시나가라의 미얀마 절입니다. 그동안 궁금하게 여기고 있었겠지요. 이제부터 바이샬리 이후의 이야기를 하겠습니다.

붓다의 마지막 여행은 라자그리하의 영취산에서 바이샬리까지, 그리고 바이샬리에서 꾸시나가라까지 두 부분으로 분명하게 구분이 됩니다. 첫 부분이 일상적인 여행이었다면 바이샬리에서부터는 죽음을 맞이할 여행이었다고 할 수 있습니다. 진정한 의미로 '붓다의 마지막 길'이었습니다. 나의 여행 역시 바이샬리를 중심으로 해서 두 부분으로 구분지을 수 있을 만큼 달랐습니다.

12일 아침 일찍 바이샬리를 떠났습니다. 데오리아로 가는 길은 포장이 잘된 1차선 도로인 데다 자동차도 인적도 드물어서 가방을 끌고 걷기엔 참 좋았습니다. 벌판에는 벼가 익어가고 농촌 사람들은 한가한 시간을 보내고 있었습니다. 아이들과 젊은 사람들은 길가의 도랑이나 웅덩이에서 고기를 잡고, 여자들은 강둑과 공터에서 풀을 베고 있었습니다. 십여 마리의 마을 소들이 늙은 보리수 밑에 누워 한가롭게 새김질을 하고 있는 모습도 볼 수 있었습니다. 오후 1시가 지나서 자가르나트뿌르-나그완이라는 작은 도시에 도착했습니다. 15km를 걷는 데 7시간이나 걸렸습니다. 그곳에서 다시 12km를 걸어 데오리아에 도착했을 때는 달이 떠오르고 있었습니다. 종일 땀을 얼마나 흘렸는지 윗옷은 거의 물에 담근 것처럼 젖어 있었습니다. 시내로 들어오는 입구는 시장으로 북새통이었습니다. 50대의 한 남자가 친절하게 호텔이 있는 곳으로 안내해 주겠다고 앞장을 섰습니다. 떼어지지 않는 발을 거의 끌다시피 하면서 그 남자를 따라간 곳은 어이없게도 호텔이 아니라 경찰서였습니다. 오래된 건물에다 문도 없는 작은 방에 두 개의 탁자가 놓여 있고 평복을 입은 사람들이 사무를 보고 있었습니다. 지금까지 본 경찰서 가운데서 가장 초라하고 작은 규모였습니다. 그날 밤은 그곳 사무실에서 잤습니다.

다음 날 6시에 데오리아 경찰서를 출발했습니다. 사히브간즈로 가는 길은 전날 걸었던 길과는 달리 바닥이 온통 갈라져 가방 끌기가 무척 힘들었습니다. 오후 2시 반에 도시의 입구에 도착했습니다. 하루 여행 거리로는 그다지 멀지 않은 거리(19km)를 걸었기 때문에 여유로운 기분이었지만 두 검지 발가락과 왼편 발바닥에 생긴 물집 때문에 고통이 심했습니다. 이 도시의 유일한 여행자 숙소인 다람살라에서 방을 구할 수 있었는데, 작은 방은 낮 동안에 받은 열기로 숨이 막힐 듯했고 침상은 건축 공사장의 시멘트가 그대로 묻어 있는 판자를 사용해서 만든 것이었습니다. 전깃불은 초저녁에 1분 정도 깜빡하고는 아침 6시, 그곳을 떠날 때까지 들어오지 않았습니다. 캄캄하고 답답한 작은 방에 누워 10시간이 넘도록 날이 밝아 오기를 기다린 후 서서히 창으로 번져 오던 여명을 보면서 느꼈던 기쁨은 특별했습니다.

14일 여행의 목적지는 께사리야Kesariya, 경전에는 께사뿟따Kesaputta, 羇舍子라는 이름으로 나옵니다.[80] 붓다가 이곳 주민들인 깔라마Kālāma 사람들에게 했던 법문은 불교의 진리관 또는 신앙관을 분명하게 알 수 있도록 해 줍니다. 깔라마 사람들은 붓다에게, 그곳을 방문하는 수행자들이 항상 자신들의 교리만이 진리이며 다른 사람들의 교리는 틀린 것이라고 말해서 이들 가운데 누가 진실을 말하고 누가 거짓을 말하는지 모르겠다고 말했습니다. 붓다의 대답은 명쾌했습니다.

"소문으로 들었다고 해서, 전승이라고 해서, … 성전聖典의 권위 때문에, 단지 논리적이라고 해서, 추론에 의해서, … 또는 '그는 우리의 스승이다'라는 생각 때문에 (그것을 진실이라고 받아들이지 마라.)"[83], "그대들 스스로가 '그 법들이 유익한 것이고, 그것들을 받들어 행하면 이익과 행복이 있게 된다'고 생각하면 그것들을 받아들이고 따르라. (이와 반대인 경우 받아들이지 마라.)"[84]

30여 년 전 학위논문을 준비하면서 스리랑카의 학승 왈뽈라 라훌라Walpola Rahula의 책에서 이 경전 구절을 처음으로 읽었습니다.[85] 그때 이후 이 경 구절은 나에게 '진리'를 보는 가장 중요한 척도가 되었습니다. 그래서 께사리야는 오래전부터 나의 머릿속에 각인되어 있습니다. 정확히 말하면 께사리야라는 지명이 아니고 이 경 구절이 포함되어 있는 『깔라마경Kālāma Sutta』이라고 해야겠지요.

사히브간즈를 벗어난 뒤 얼마 되지 않아 가방에 문제가 생겼습니다. 새로 산 지 겨우 일주일밖에 되지 않았는데 바퀴가 닳아 반쯤 망가져 버렸습니다. 난감한 기분이 되었지만 다행스럽게 도중에 릭샤를 만나 가방을 맡길 수 있었습니다. 10시 30분경에 랄라차쁘라-촉끄라는 작은 마을에 도착했습니다. 그곳에서 께사리야까지는 약 4km. 1km쯤 갔더니 벌판의 동남쪽에 사진으로 보았던 거대한 탑이 갑자기 모습을 드러내었습니다. 탑에서 조금 떨어진 곳에 유적지 관리인 가족이 사는 작은 집과 큰 보리수 한 그루가 있을 뿐, 그 둘레는 잡초가 무성한 늪지대였습니다. 관리인은 이 탑을 '세계에서 가장 큰 스뚜빠'라고 자랑했습니다. 정말 대단한 규모였습니다. 절반쯤 발굴된 상태로 정비되어 있었고, 나머지 부분은 관목으로 뒤덮여 있었습니다. 온 오후를 탑 유적을 오르내리면서 답사를 하기도 하고, 아무도 없는 탑 위에 앉아 석양을 바라보기도 하면서 여러 가지 생각들을 했습니다. 경전상으로는 붓다가 이곳에 온 것은 오직 한 번뿐이었습니다.[86] 『깔라마경』한 경을 설한 이곳에 이렇게 거대한 탑이 건립될 수 있었다는 사실은 수많은 경전 가운데서 이 경이 차지하는 비중을 나타내는 것일까요. 이날 밤은 유적지 관리인의 집 베란다에 누워 희미한 달빛 아래 작은 산처럼 서 있는 탑을 바라보면서 잠을 잤습니다. 거의 완전한 정적, 밤새도록 반딧불들만이 수없이 공중에 노란 선을 그리면서 사방으로 날아다녔습니다.

지금까지의 여정 가운데서 께사리야로부터 시드왈리야까지의 여행이 제일 힘들었습니다(15일). 그 전날 약속해 두었던 릭샤꾼이 시간을 지켜 6시에 와 주었습니다. 가방을 릭샤에 싣고 5시간 동안 14km를 걸어 간끄 강에 도착, 길이가 500m나 되는 두모리아 다리를 건넜습니다. 릭샤꾼은 그곳에서 돌아갔습니다. 더위와 피로와 허기 때문에 기진맥진한 상태가 되었습니다. 아침 식사라고 해야 미숫가루 두 봉지와 사과 한 개로 때웠으니까 그럴 만했지요. 다리 근처의 허술한 가게에는 내가 먹고 마실 수 있는 것은 아무것도 없었습니다. 길가의 수도에서 배가 부르도록 물을 마시고 화끈거리는 머리와 발에 물을 부어 열을 식혀주었더니 정신이 좀 돌아왔습니다. 점심으로 미숫가루 한 봉지를 물에 타서 마셨습니다.

수돗가에 앉아 한 시간쯤 휴식을 취한 뒤 다시 길을 떠났습니다. 확장과 포장 공사를 하느라 엉망이 된 도로를 5km쯤 힘겹게 걸어 마하마트뿌르라는 곳에 도착했을 때는 가방의 바퀴가 모두 사라져 버렸습니다. 그곳에서부터는 도로 상태가 좋아졌지만 바퀴 없는 가방을 끌어야 했으므로 짐 정리를 하지 않을 수 없었습니다. 침낭은 지나가는 사람에게 주어버리고 입고 있던 낡은 바지와 『유행경』 복사본은 불에 태워버렸습니다. 남은 물건은 『대반열반경』 한역본과 영역본, 일기장, 카메라, 의약품, 바르는 모기약, 물통, 손전등, 칼, 볼펜, 칫솔과 치약, 면도기, 약간의 미숫가루, 얇은 이불, 그리고 셔츠와 팬티, 수건 각각 한 장씩이 전부였습니다.

마지막 6km의 길은 얼마나 멀고 지루하고 나를 지치게 했는지 모릅니다. 겨우 시드왈리아 입구에 도착했을 땐 어둠이 내리고 있었습니다. 배고픔과 피로 때문에 발걸음은 천근같이 무거웠습니다. 길가 집 앞의 수돗물을 받아 또 미숫가루를 타 마셨습니다. 몇 사람으로부터 얻은 정보와는 달리 시드왈리아에 숙박 시설은 없었습니다. 약간의 기대를 가지고 남은 힘을 다해 가깝지 않은 기차역으로 가 보았지만 그곳에도 잘 곳은 없었습니다. 어두움이 짙어 가고 있었습니다. 경찰서를 찾아가는 수밖에 없었습니다. 저녁 식사를 위해 노점에서 사모사 네 개를 산 뒤 릭샤를 잡아탔습니다. 경찰서는 도시의 다른 쪽 변두리에 있었는데 정문의 보초 경찰관은 한마디로 '노'라고 거절했습니다. 너무나 난감해 어떻게 해야 할지 모르고 있는데 다른 경찰이 손전등을 비춰 내 여권을 훑어보더니 보초들이 휴식을 취할 때 사용하는 것 같은 침상에서 자도록 해 주었습니다. 사모사 두 개를 약 먹듯 억지로 삼키고 그대로 쓰러졌습니다. 이날 걸은 거리는 25km입니다.

다음 날(16일), 시드왈리아에서 바라울리로 가는 도로는 붉은 벽돌을 촘촘하게 세워 포장을 해 놓았기 때문에 심하게 울퉁불퉁해서 바퀴 없는 가방을 끌기가 너무 힘이 들어 걷기를 계속할 수가 없었습니다. 중간에서 다시 한 번 짐 정리를 해야 했습니다. 헝겊 주머니에 부피가 작은 물건들을 담아 손에 들기로 하고 나머지는 배낭에 옮겼습니다. 가방은 구경 나온 마을 청년에게 주어버렸습니다.

바라울리까지 12km를 걷는 데 무려 7시간이나 걸렸습니다. 더위와 목마름과 피로 때문에 이날 역시 고통이 심했습니다. 몇 번이나 보리수와 반얀나무 밑에 누워 휴식을 취했습니다. 바라울리는 작은 도시였지만 기차역이 있고 그 근처로 고속도로가 지나갔습니다. 서쪽으로 가면 고속도로와 만날 수 있을 것이라 생각하고 한 시간쯤 걸었는데 길을 잘못 들었다는 것을 알게 되었습니다. 조금 전 길을 잃었던 곳까지 릭샤를 타고 되돌아 나와 이번에는 북동쪽으로 40분쯤 걸었더니(약 2km) 고속도로가 나왔습니다. 그 길을 따라 한 시간쯤 가다가(약 3km) '고빨간즈 17km'라는 표석標石을 보았습니다. 오후 4시였습니다. 다음 날 그 지점을 쉽게 찾을 수 있도록 근방 지형과 건물들을 잘 살펴둔 뒤 버스에 올랐습니다. 이날 걸은 거리는 17km입니다.

고빨간즈는 큰 도시였습니다. 버스 터미널에서 릭샤를 타고 호텔을 쉽게 찾을 수 있었습니다. 밝은 전깃불, 깨끗한 방과 화장실, 찬물이 쏟아지는 샤워 시설, 문명 세계에 돌아온 듯했습니다. 저녁 식사하는 것도 잊어버리고, 불도 켜둔 채 새벽까지 정신없이 잠을 잤습니다. 다음 날은 여느 때보다 조금 늦게 출발했습니다. 걸어야 할 길은 고속도로이고 잠잘 곳도 이미 정해졌으므로 마음의 여유가 있었습니다. 오후 1시경에 전날 버스를 탔던 지점에 도착했는데 긴장이 풀렸는지 오른편 무릎과 왼쪽 발목에 통증이 느껴졌습니다. 이제 위험 신호를 보내는 것일까. 그날의 일정을 끝내고 버스를 타고 호텔로 돌아오니 오후 2시였습니다.

18일엔 새벽 5시 30분부터 걷기 시작했는데 8시가 지나서부터 발목에 통증이 심해졌습니다. 전날 밤 찜질약으로 치료를 했는데도 효과가 없었습니다. 통증은 점점 더 심해져 얼마 후에는 걸음을 옮길 때마다 고통을 참기 어렵게 되었습니다. 아픈 곳을 살펴보았더니 놀랍게도 왼쪽 발목이 복숭아뼈보다 더 높게 부어올라 있었습니다. 사사무사에 도착하자마자 약방부터 찾았습니다. 먹고 바르는 두 가지 약을 샀는데, 먹는 약은 진통제인 듯 얼마 후 약 기운이 오르면서 통증이 가라앉았습니다. 꾸차이꼿 입구의 네거리에 도착해 노점에서 짜이와 달걀과 과일로 점심을 먹고 잠시 휴식을 취했습니다. 12시부터 다시 걷기 시작해서 오후 4시에 일정을 마무리했습니다. 지프차와 버스를 바꾸어 타고 전날의 그 호텔로 되돌아갔습니다. 오전과 오후 각각 17km와 8km를 걸었습니다.

다음 날 역시 5시 30분에 호텔을 나섰습니다. 버스를 타고 그 전날 걷기를 멈추었던 지점까지 갔습니다. 그곳에서 땀꾸히까지는 12km, 그 도시의 입구에는 고속도로 건축 공사가 한창이었습니다. 파헤쳐진 도로의 양편으로 건축 자재와 장비를 실은 수백 대의 대형 트럭들이 수백 미터 길이로 줄을 서 있었습니다. 새로운 시대를 향한 인도의 의지와 몸부림을 보는 듯했습니다. 다음 목적지 파질나가르까지 13km의 길은 지금까지와는 정반대였습니다. 잘 닦여진 도로에는 사람과 자동차가 거의 없었고 아름드리 가로수가 멋있게 줄을 서 있었습니다. 사방으로 끝없이 펼쳐진 사탕수수 밭, 조용하고 평화로운 시골 풍경이었습니다. 시원한 바람이 정면에서 불어와 걷기가 한결 편했습니다. 그러나 발목은 계속 약을 발라 주어도 부기가 가라앉지 않아 마음이 놓이지 않았습니다. 3시 30분, 한 건물 벽에 크게 쓰인 파질나가르라는 글자가 눈에 들어왔습니다. 생각했던 것보다 빨리 목적지에 도착했던 것입니다. 아침부터 걸은 거리는 25km입니다.

파질나가르의 옛 이름은 빠바Pāvā, 이 지방에 살았던 말라족이 붓다의 열반 뒤 분배받은 진신사리를 가지고 세웠다고 추정되는 탑 유적이 있는 곳입니다. 큰 동산처럼 생긴 유적은 윗부분이 얼마간 발굴되어 정비되었고 유적지 둘레에는 담장이 쳐졌을 뿐 내가 이곳에 마지막으로 왔던 13년 전(1995년)과 거의 같은 상태였습니다. 파질나가르 근처에는 붓다께 최후의 공양을 올린 대장장이 아들 쭌다의 마을이 있었던 것으로 기억하는데, 그곳이 어디인지 짐작도 할 수 없었습니다. 물어봐도 아는 사람은 없었습니다. 지난날 내가 그곳을 방문했던 때도 쭌다 마을은 단지 몇몇 사람들이 전하고 있는 추정지인 것 같았습니다. 그 마을 주민들조차도 우리와 같은 외국인들이 찾아가서 '쭌다 마을'이라고 하니 '그런가 보다'라고 생각하는 듯했습니다. 1,370여 년 전 현장 법사가 그곳에 갔을 때는 쭌다가 붓다를 위해 팠던 우물과 아쇼까 왕이 쭌다의 옛 집터에 세웠던 탑이 남아 있더라고 했습니다.[87]

숙소 문제를 쉽게 해결하기 위해 18일과 19일 이틀 밤은 고빨간즈의 호텔을 이용했습니다. 통증이 심한 발목을 위해서도 편한 잠자리가 필요했습니다. 아침 일찍 지프차와 버스를 바꾸어 타고 전날 걷기를 멈춘 곳까지 가서 그날의 일정을 시작하고 오후에는 다시 버스를 이용해 호텔까지 돌아가곤 했습니다. 이렇게 하느라 하루에 약 4시간이나 콩나물시루 같은 자동차 안에서 보내야 했지만 경찰서나 힌두교 사당을 찾아가서 잠자리를 구하기보다는 훨씬 나았습니다.

발목을 위해서 며칠 동안 계속해서 찜질 약을 바르고 진통제를 복용했습니다. 그러나 부기는 가라앉지 않았습니다. 오른쪽 발바닥에 큰 물집이 생겼으므로 칼끝으로 구멍을 내어 물을 빼내려고 했지만 피부가 너무 두꺼워 가죽을 칼로 약간 잘라내어야 했습니다. 감염이 되지 않게 약을 바르고 밴드를 다섯 개나 겹쳐 붙여 놓았습니다. 발톱은 일곱 개가 탈이 났습니다. 오른쪽 엄지발가락의 발톱은 피가 맺혀서 까맣게 되어버렸고, 둘째 발가락 발톱은 열이 나고 부었을 뿐 아니라 발톱 밑에서 물이 나오고 있습니다. 새끼발가락 발톱은 닳아서 거의 떨어져 나가버렸습니다. 왼쪽 발의 발톱들은 가운데 것만 제외하고 네 개가 탈이 났습니다. 통증은 심하지 않지만 이것들이 빠질 것은 시간문제인 것 같습니다. 항생제를 복용하고 있습니다.

20일, 호텔에서 5시 30분에 나왔습니다. 전날처럼 버스와 지프차를 바꾸어 타고 파질나가르에 도착한 것은 8시 45분. 그곳에서 이 여행의 마지막 여정인 꾸시나가라(21km)를 향해 걷기 시작했습니다. 얼마 가지 않아 발목이 심하게 아팠으므로 길가에 앉아 약을 바르고 진통제를 먹었습니다. 11시에 까꿋따 강에 도착했습니다. 현재 이름은 가기Ghagi, 파질나가르에서 그곳까지 약 2시간이 걸렸으므로 거리상으로는 5~6km가 될 것입니다.

강 위에는 약 30m 길이의 다리가 놓여 있었습니다. 강변에 서자 나도 붓다가 했던 것처럼 목욕을 해 보고 싶었습니다. 강물은 연초록색으로 탁해 보였지만 손바닥으로 물을 떠보니 맑았습니다. 옷을 벗고 몇 발자국 들어가자 갑자기 바닥이 깊어졌고 물살도 제법 세었습니다. 강 한가운데는 물이 키를 넘는 곳도 있었습니다. 물이 흐르고 있는 부분의 넓이는 약 15m, 붓다는 생전에 이 강을 자주 건넜을 것입니다. 출가한 직후, 그리고 성도 후 교화와 안거를 위해서 슈라바스띠와 라자그리하로 오가고 했을 때도 항상 이 강을 건너야 했을

나는 목욕을 끝낸 뒤 강변에 앉아 잔잔히 흘러가는 강물을 내려다보면서
옛일을 생각했습니다. 2,552년 전 5월 보름날 오전,
붓다는 이 강을 건너면서 무엇을 생각했을까요.
'이 강을 건너는 것도 이것이 마지막이다' … 그런 생각을 했을까요.
붓다의 젊은 날의 당당하던 모습과 죽음을 앞둔 노쇠하고 병든 모습이
떠올라 쓸쓸하고 슬픈 마음이 되었습니다.

테니까요. 그렇지만 현재 다리가 놓인 그 지점이 붓다가 강을 건넜던 곳이었다고 단정적으로 말할 수는 없겠지요.

붓다가 마지막으로 이 강을 건넜을 때는 5월 중순, 건기였으므로 강물은 10월인 지금보다 훨씬 적었을 것입니다. 그러나 빠바에서 쭌다에게 받은 공양 때문에 심한 설사병에 걸려 극도로 쇠약해진 80세 또는 81세의 붓다가 어떻게 이 강을 건넜을까요. 아난다가 붓다를 등에 업고 건너지 않았을까요. 열반경에 의하면 붓다는 누구의 도움도 없이 강에 들어가 목욕을 하고 물을 마신 뒤 강을 건넜습니다. 그러나 강을 건너느라 많이 지쳤던지 근처의 망고나무 숲으로 가서 가사를 네 겹으로 접어 깔고 누워서 쉬어야만 했습니다(『대반열반경』 4장 39).

나는 목욕을 끝낸 뒤 강변에 앉아 잔잔히 흘러가는 강물을 내려다보면서 옛일을 생각했습니다. 2,552년 전 5월 보름날 오전, 붓다는 이 강을 건너면서 무엇을 생각했을까요. 지난해 안거를 끝내고 바이샬리를 떠나면서 아난다에게 "내가 바이샬리를 보는 것도 이것이 마지막이 될 것이다."라고 말했듯이 이 강을 건너면서도 그런 생각을 했을까요. '이 강을 건너는 것도 이것이 마지막이다'라고… 붓다의 젊은 날의 당당하던 모습과 죽음을 앞둔 노쇠하고 병든 모습이 떠올라 쓸쓸하고 슬픈 마음이 되었습니다.

비스킷과 과일로 점심을 때우고 발목에 약을 바른 뒤 다시 걷기 시작했습니다. 한낮의 태양은 뜨거웠지만 키 높은 고목 가로수들이 그늘을 만들어 주었습니다. 어느 순간부터 다시 발목이 심하게 아팠습니다. 약을 먹고 발랐지만 통증은 가라앉지 않았습니다. '몇 시간만 더 견디면 끝난다. 그다음에는 휴식이다'라고 자신을 격려하면서 힘을 내려고 했지만 고통은 가벼워지지 않았습니다. '아무리 아파도 붓다가 이 길을 걸었을 때 당했던 그 괴로움에야 견줄 수 있으랴'라고 자책을 하기도 했습니다. 드디어 까시아를 지났습니다. 이제 남은 거리는 3km, 통증이 심한 왼쪽 발의 신을 벗어들고 절뚝거리면서 걸었습니다.

3시 반쯤 되어서 꾸시나가라 시의 대문으로 들어섰습니다. 열반당까지 곧게 뻗은 길에는 순례자들, 장사꾼들, 학생들, 상점들, 여행사의 자동차들로 활기가 차 있었습니다. 성지에 왔다는 감동이 어느 때 어느 곳에서보다도 벅차게 느껴졌습니다. 많은 어려움을 무릅쓰고 무사히 여행을 끝낼 수 있게 되었다는 안도감과 만족감이 가슴을 채웠습니다. 등에는 작은 배낭, 머리엔 삿갓처럼 생긴 베트남 모자, 옷은 때와 땀으로 찌들었고 발과 신발은 흙투성이, 이런 내 모습을 내가 봐도 진짜 순례자 같았습니다.

다리를 심하게 절뚝거리면서 무거운 걸음을 힘겹게 떼어 열반당 정문을 향해 걸었습니다. 눈에 익은 길이었습니다. 정문을 들어서자 명주와 오영이가 나를 보고 반가움에 박수를 치면서 환호했습니다. 두 사람은 델리대학에서 연구하고 있는 제자들입니다. 내가 꾸시나가라에 도착하는 날짜에 맞추어 델리에서 기차로 16시간, 자동차로 3시간이 소요되는 먼 길을 달려와 그곳에서 나를 기다리고 있었던 것입니다. 우리는 열반당으로 가서 부처님께 3배를 드리고 정원

잔디밭으로 나가 열반당을 향해 다시 108배를 올렸습니다. 그러고
는 그 자리에 앉아 해가 질 때까지 즐겁게 많은 이야기를 나누었습
니다. 서쪽 숲 위로 석양이 아름답게 지고 있었습니다. 제자들이 미
리 잡아놓은 호텔 빠띡 니와스에 여장을 풀었습니다. 이곳은 웃따르
쁘라데시 주 정부에서 운영하는 순례자를 위한 숙소인데, 방도 좋고
식당의 음식도 먹을 만합니다.

이렇게 해서 길고 고달팠던 여행을 끝낼 수 있었습니다. 라즈기르 영
취산에서 꾸시나가라 열반당까지 약 900리 길(352km), 20일에 걸
친 여행이었습니다. 그러나 실제로 걸은 날짜는 17일이었고 3일 동
안은 발 치료와 휴식을 위해 바쳤습니다.

지안 스님, 그저께(24일)는 두 제자와 함께 택시를 대절해 쭌다 마을
을 찾아 나섰습니다. 1992년에 가 보았던 그곳 모습은 기억 속에 한
장의 오래된 사진처럼 떠오르는데 실제로 그 마을을 찾으려고 하니
위치와 방향조차 알 수 없었습니다. 택시 기사가 사람들에게 물어
우리를 데려다 준 곳은 파질나가르에서 남쪽으로 약 4km 떨어진
빠와뿌리Pawapuri라는 마을이었습니다. 자이나교의 24대 성자를 모
신 사원이 있었습니다. 기사는 불교 성지에서 오랫동안 살았을 터
인데도 쭌다 마을이라는 이름조차 처음 들어 보는 것 같았습니다.
　마을 사람들은 그곳에서 1km쯤 더 가라고 했습니다. 찾아간 곳
은 지난날 방문했던 쭌다 마을과 달랐습니다. 그사이 짧지 않은 세

월과 함께 마을과 건물들이 변할 수도 있었겠지요. 사람들은 마을에서 서남쪽으로 약 500m 거리의 논 가운데 보이는 작은 숲이 그옛날의 쭌다 마을이라고 했습니다. 그러나 그곳에 접근할 수 있는 길은 없었습니다.

논두렁을 따라 찾아간 쭌다 마을은 직경이 약 20m쯤 되는 타원형의 작은 숲이었습니다. 연륜이 얼마 되지 않은 나무들과 잡초로 뒤엉켜 있었습니다. 그 장소는 지난날의 기억 속에 희미하게 떠올랐습니다. 그때는 사람들이 그곳을 쭌다의 집터라고 했습니다. 오래된 사적지 보호 안내판이 하나 서 있었는데 불교와 관련 있는 장소라는 사실을 말한 것은 아니었습니다. 유적지를 정비한 흔적 같은 것도 보이지 않았습니다. 사실 정비를 하려고 해도 할 것이 없었을 것입니다. 현장 법사가 보았다는 쭌다 집의 우물이나 아쇼까 왕이 세웠다는 탑의 흔적 같은 것은 고사하고 오래된 벽돌이나 깨진 기왓장 한 조각조차 없는 그곳을 무슨 근거로 쭌다의 집터 또는 쭌다의 마을이라고 하는지 황당하기조차 했습니다. 다시 조금 전에 지나갔던 마을로 돌아 나왔습니다. 마을 사람들이 우리를 에워쌌습니다. 그들은 이구동성으로 자신들이 살고 있는 마을은 샤띠야빠와나가르Shatiyapawanagar이고, 지난날의 쭌다 마을은 조금 전에 우리가 본 그 '숲'이라고 했습니다.

지안 스님, 꾸시나가라에서 지낸 지도 이제 일주일이 다 되어 갑니다. 그동안 제자들과 함께 매일 열반당에 가서 108배를 드리고 몇몇 유적과 여러 나라 사원들을 참배하기도 했습니다. 부상을 입은 발의 상처도 치료되었고 피로도 어느 정도 회복되었습니다. 두 제자들이 델리에서 가지고 온 김치, 된장, 고추장, 라면 등으로 맛있는 음식을 만들어 내 건강을 회복시키느라 애쓰고 있습니다. 모레쯤 이곳을 떠납니다. 보드가야에서 다시 소식 드리겠습니다. 호진 합장.

세상 인연이
이슬과 같은 것일지라도
::

호진 스님, 열반의 길 순례를 잘 마치셨다니 걱정 덜었습니다. 중간에 발병이 나 빠뜨나에서 치료를 받느라 순례가 잠시 중단되었다는 소식을 델리에 있는 제자로부터 전해 듣고는 놀라고 걱정을 많이 했습니다. 고생을 거듭하면서 꾸시나가라에 무사히 도착했으니 이젠 순례의 소원이 다 이루어진 셈이군요. 그러고 보니 스님이 인도로 떠난 지가 1년이 넘었습니다. 작년 이맘때 동암桐庵에서 송별회를 했던 것이 어제 일인 듯한데 벌써 한 해가 흘렀으니 세월의 빠름을 새삼 느끼게 됩니다.

지난 1년은 스님 평생에 잊을 수 없는 고행을 체험한 매우 값지고 소중한 한 해가 되었겠습니다. 그동안의 연구와 순례 체험이 불교신문을 통해 알려져 불교를 공부하는 사람들에게 신선한 청량제로 느껴졌으리라 생각됩니다. 가끔 주위의 사람들 중에 스님의 글을 읽고 안부를 묻는 스님들이나 신도님들이 있었습니다.

스님의 편지를 받아 읽을 때마다 부처님에 대한 새로운 조명을 시도하는 스님의 연구 열정을 느낄 수 있었습니다. 우리가 상식적으로 알고 지내 왔던 기존의 불교 상식에 대해 스님은 '다시 생각하는 불교'를 제창하는 목소리를 내었습니다. 다시 생각하는 불교! 누군가

가 선창하여 불교의 이해와 인식을 새롭게 하도록 하는 것은 불상에 새로 도금을 하는 일과 같지 않을까 생각됩니다. 매우 바람직하고 꼭 필요한 일이라고 여겨집니다. 거룩한 불사라고 찬탄하고 싶습니다. 스님은 지난 1년 동안 힘든 고행의 불사를 혼자 했습니다.

세상의 모든 일이 다 그러하듯이 관념적 타성을 벗어나 새로운 발견을 하는 것은 그것이 곧 세상을 발전시키는 계기가 될 것입니다. 일반 문화사나 종교의 역사 속에도 새로운 시각으로 문화와 종교를 다시 보려는 움직임은 언제나 있어 왔습니다. 그러한 인연에서 문화가 더욱 향상되고 교리가 발달되어 왔습니다.

스님은 순례의 코스인 초전법륜의 길에서나 열반의 길에서 부처님 행적에 대한 여러 생각들을 깊이 하면서 부처님 행로의 원형적인 모습을 그리워했을 것입니다. 이것은 교조 석가모니에 대한 더없는 존경과 불교에 대한 끝없는 애정에서 나온 것이고, 스님 자신이 지닌 수행자로서의 고독에서 나온 것으로, 전복 속의 진주와 같은 것이라 생각됩니다. 누군가 설명하기를 전복에서 진주가 나오는 것은, 전복이라는 조개의 살이 썩는 고통을 겪은 뒤에 나오는 결정체라고 하는 말을 들었습니다. 생각해 보면 부처님의 성도도 그와 같은 것이 아니었겠습니까. 또 고된 수행의 끝에 계, 정, 혜 3학의 공덕을 성취하여 다비茶毘 후에 나타난다는 사리舍利 이야기가 바로 이것이겠습니다.

아시다시피 나는 주로 한역 대승 경전을 공부해 왔습니다. 대승 경전은 주로 법신인 비로자나불이 설주說主가 됩니다. 법신은 역사적 부처님이 아닌 초역사적 부처님이라 할 수 있지요. 때문에 대승 경전에는 역사적 사실이 없습니다. 『화엄경』을 설했다, 『법화경』을 설했다 하는 설시說時 자체가 막연하고 허구적인 것에 불과합니다. 물론 부처님이 깨달은 법 자체의 기술記述은 매우 고차원적이고 웅장합니다. 다만 대승 경전을 공부해 온 내가 아쉬워하는 것은 대승 경전을 통해서는 정확한 역사에 대한 인식 문제가 많이 결여되고 있다는 것입니다.

물론 불교에서는 『자따까jātaka』와 같은 본생담本生譚 이야기가 등장해 부처님 과거 생을 미화시키는 일도 있습니다. 그러한 이야기들에는 보살 정신의 극치를 설명한 예들도 많습니다. 이러한 경전들의 성격과 메시지의 내용을 이해하면서도, 실제 역사적 사실과 다른 차원에서 나온 이야기들을 역사적 사실과 결부시켜 오늘의 현실을 인식하는 데는 결함이 있다는 걸 느끼게 되었습니다.

우리가 살아가는 현실 인식은 상징성에만 머물지 않고 구체적인 현실 행위를 가지고 하는 것입니다. 출세간법을 강조하는 면에서의 불교는, 흔히 집착하지 말고 초월할 것을 가르쳐 왔습니다. 그러나 이것이 너무 고착화된 일률적 가르침이 되면 무사안일이나 비불교적인 형태로 현실곡해가 되고 마는 수가 있게 될 것입니다. 이런 점에서 약간의 고민도 해 보았습니다. 부처님 설법이 방편설이라고도 하지만 받아들이는 사람에 따라 이 방편설이 도리어 도그마를 이루기도 하기 때문입니다. 또 방편은 분명 시대에 따라 변하는 것입니다. 과학이 발달되고 문명이 발전된 이 시대에 와서는 불교를 응용하는 방편도 과학과 나란히, 현대 문명과 나란히 갈 수 있어야 된다고 생각합니다. 종교도 이젠 혼자 가는 시대가 아니고 과학이나 첨단 문명과도 랑데부를 할 수 있어야 한다고 하더군요.

옛날의 수도자들은 오늘이 몇 월 며칠인지 모르고 산 적이 있었겠지요. 아니 오늘의 수행자들도 개중에 그런 사람이 있을 수 있을 것입니다. "산중에 달력이 없는데, 봄이 왔는가. 풀들이 푸르구나山中無日曆 春來草自靑." 이런 시구도 전해지고 있습니다. 그렇지만 현대 사회는 시간을 묻고 사는 시대가 되었습니다. 지금 몇 시냐고 물으며 자주 시계를 봅니다. 시간을 의식하는 것은 현실을 가장 구체적으로 인식하는 것입니다. 시간 인식에서부터 구체적 행위가 시작되고 이것에 의해 역사가 만들어진다고 할 수 있지요. 이런 점을 생각하면 현실의 구체성에 대한 자각이 있어야 하고 동시에 현실 인식에 있어서도 역사적 근거가 있는 대안이 있다면 좋지 않겠나 하는 생각을 해 보았습니다.

스님의 말대로 신화적 가설을 통한 종교의 이야기는 그것이 너무 지나칠 때 현실 인식에 폐단을 일으킬 소지가 있습니다. 더욱이 자각을 내세우는 불교가 추상적 관념의 늪에 빠진다면 현실 속의 자신을 바로 성찰하기 어려워질 수 있습니다. 때문에 불교의 역사 인식에 대한 올바른 관점을 부처님의 구체적인 교화 모습을 통해 바로 세울 수 있을 것이란 생각을 자연스럽게 하게 됩니다. 나는 이런 이유에서 인간 부처님에 대한 스님의 연구에 박수를 보내고 싶은 것입니다. 이번 인도 순례에서 이 부분에 대한 스님의 연구가 잘 이루어져 부처님에 대한 새로운 이해가 여러 사람들에게 전해지기를 바랍니다.

꾸시나가라 도착 이후의 일정은 주로 책과의 씨름이겠습니다. 여긴 가을이 떠나갈 채비를 하고 있습니다. 벌써 입동이 지나고 낙엽을 재촉하는 비가 왔습니다. 만산홍엽이 어느새 서서히 기울기 시작합니다. 떨어지는 나뭇잎 하나가 결국은 무상을 알리는 소식이지만, 이 소식을 듣고도 가벼운 감상에 빠져 타성에 젖은 독백으로 무상이란 어휘를 되뇌어 보기도 합니다. 부처님이 그렇게도 빈번하게 모든 현상이 덧없다는 무상을 설하셨지만 귓가로 스쳐가는 말보다 가슴에 와 박히는 말이 되어야 하겠지요. 세월의 연륜이 사람을 철들게 한다고 하더니, 요즈음은 정말 무상이 가슴 깊이 느껴질 때가 있기도 합니다. 무상감 앞에 고개 숙이는 자화상을 가끔 발견할 때가 있습니다.

"시간과 세월은 사람을 기다리지 않는다."라는 격언이 떠오릅니다. 아무런 한 일 없이 세월을 그렇게 보내고도 알 수 없는 회한 같은 것이 엄습해 옴을 느끼니, 비록 인간의 한 생애를 남가일몽南柯一夢이라고도 하지만 깨어있는 생활을 한번 해 보고 싶어집니다. 이 세상 인연이 구름과 같은 것이고 이슬과 같은 것이라 하더라도 사상事象의 현실 속에서 우리가 할 수 있는 역할을 했으면 한다는 말입니다.

일전 서울에서, 성지 순례 여행을 주선하고 준비하는 정경순 씨를 만났습니다. 연말의 일정에 대한 설명을 대충 들었습니다. 추후 스님과 연락되면 구체적인 사안에 대해서 또 들을 수 있을 것이라 생각됩니다. 해가 바뀐 새해라야 만나게 되겠군요. 그동안 연구 일정 마무리 잘 하시고 건강한 모습으로 만나 뵙길 바랍니다. 지안 합장.

— 지안 —

다시 생을 버려 이곳에

법과 율이
너희의 스승이 되리니
::

지안 스님, 며칠 전 보드가야로 돌아왔습니다. 여행을 떠날 때는 9월 말이었는데 지금은 11월 중순입니다. 보드가야는 긴 잠에서 깨어나고 있습니다. 이곳 사람들의 표현에 의하면 '시즌'이 시작되었습니다. 도시와 거리는 활기를 띠기 시작합니다. 대보리사 주위에는 사람들이 제법 북적거리고 상점과 노점들에는 보통 때보다 더 많은 기념품들이 진열되어 있습니다. 특히 대보리사 북쪽에 티베트 음식점과 큰 규모의 상점들이 길 양쪽을 메우고 있습니다. 모두 천막으로 된 임시 건물들입니다. 보드가야는 11월부터 다음 해 2월까지 세계 각지에서 몰려오는 순례자들로 매일 축제 같은 분위기가 된답니다. 그러나 올해는 세계 경제가 겪고 있는 어려움 때문에 예년과 같지 않으리라고 걱정을 하는 눈치들입니다.

인도에 온 지도 어느덧 1년이 되었습니다. 이제 계획했던 여행을 모두 끝내었으므로 스님에게 쓰는 편지도 이것이 마지막이 될 것입니다. 지난번 편지에서는 영취산에서 꾸시나가라까지 내가 했던 여행 이야기를 썼지만 이번에는 '붓다의 마지막 여행' 이야기를 하려고 합니다. 좀 복잡한 내용을 단순화시키면서 내가 '이해한 대로'가 아니라 '이해하고 싶은 대로' 하려고 합니다. 지난번 여행이 '발과 눈'으로 한 것이라면 이번 여행은 '머리와 상상력'으로 하게 될 것입니다. 붓다의 곁에 바싹 붙어서 '마지막 여행'에 대한 모든 일들을 하나하나 주의 깊게 살피면서 생각해 보려고 합니다.

붓다의 마지막 여행을 내용으로 하는 경전인 열반경에는 여러 이본들이 있지만 그 가운데 디가니까야와 장아함경에 포함되어 있는 『대반열반경』과 『유행경』이 가장 자세하고 구체적이지 않습니까.[88] 아시다시피 이 경전들은 붓다가 영취산에서 했던 설법으로부터 시작되고 꾸시나가라에서 맞이한 죽음涅槃으로 끝나지요. 그래서 사람들은 대부분 붓다의 열반은 영취산에서 이미 예정되었던 것처럼 생각하고 있습니다. 그러나 지난번 편지에서 이미 말했듯이 열반경들을 주의 깊게 읽어 보면 이와는 다르다는 것을 알 수 있습니다. 붓다는 안거를 끝내고 영취산을 내려올 때 자신의 죽음을 예감하지 못했습니다. 영취산을 떠난 뒤 약 1년이 지나서 바이샬리 근처의 벨루바 마을에서 안거를 보내던 중 중병에 걸리자, 그때서야 비로소 자신의 죽음을 구체적으로 생각하면서 '3개월 후에 열반에 들어야겠다'는 결심도 하게 되었습니다. 따라서 붓다의 열반 이야기는 정확하게 말해서 벨루바 마을에서부터 시작되었다고 해야 할 것입니다.

붓다는 영취산에서 내려온 뒤 라자그리하, 암바랏티까 동산, 날란다에서 제자들을 가르치면서 가는 곳마다 '원하는 만큼 머무신 뒤' 빠딸리 마을(빠딸리가마, 빠딸리뿟뜨라)에 도착했습니다. 그곳 신자들은 붓다에게 머물 집을 마련해 드리고 역시 가르침을 받았습니다. 그

다음 갠지스 강을 건너 꼬띠 마을과 나디까 마을로 갔습니다. 이 두 곳에서도 제자들에게 여러 가지 내용의 법을 설하면서 머물고 싶은 만큼 머물렀습니다. 그러고 나서 바이샬리로 갔습니다. 그곳에서는 유명한 유녀遊女 암바빨리로부터 망고 동산을 기증받아 역시 '원하는 만큼' 머물렀습니다. 마지막으로 벨루바 마을로 갔습니다. 이때쯤 우기가 시작되었습니다. 붓다는 아난다와 함께 그곳에서 안거를 보내기로 하고 제자들은 각자 바이샬리의 인연 있는 곳을 찾아가도록 했습니다. 안거에 들어간 지 얼마 지나지 않아 붓다는 중병에 걸렸습니다. 무슨 병이었는지는 알 수 없지만 경전에 의하면 "심한 병에 걸려 죽을 정도의 격통이 일어났다."(中村元譯)라고 합니다. 붓다는 "제자들은 모두 흩어져 없는데 승가에 알리지도 않고 (이곳에서 이렇게) 열반에 든다면 그것은 옳지 않다. 지금 나는 정근하면서 자신의 힘으로 목숨을 이어야 한다."(『유행경』, 각묵譯)라고 생각하면서 의지력으로 마음을 다스려 병을 극복했다고 합니다.[89]

붓다에게는 늙음과 병과 죽음이 항상 중심 문제였지만 자신의 죽음이 가까웠다는 것을 구체적으로 생각했던 것은 이번의 이 병이 계기가 되었던 것 같습니다. 병문안을 하는 아난다에게 "아난다야, 이제 나도 늙었다. 내 나이가 여든이 되었다. 마치 낡은 수레가 가죽 끈에 묶여서 겨우 움직이는 것처럼, 나의 몸도 가죽 끈에 묶여서 겨우 지탱되고 있다."라며 자신의 늙고 쇠약해진 몸이 이제 거의 마지막 단계에 이르렀다는 것을 말했습니다.[90]

열반경은 붓다가 이 세상을 떠나야겠다는 결심을 하게 된 이야기를 제법 길게 하고 있습니다. 붓다가 병에서 회복한 어느 날이었습니다. 아난다와 함께 낮 시간을 보내기 위해 바이샬리 근처의 짜빨라 탑묘로 가서 나무 밑에 자리를 잡았습니다. 그때 마라魔羅가 나타났습니다. "세존이시여, 이제 세존께서는 반열반般涅槃, 죽음에 드십시오. 세존이시여, 지금이 세존께서 반열반에 드실 때입니다."라고 서너 번 되풀이해서 반열반에 들 것을 재촉했습니다. 마라는 지난날 붓다에게 반열반에 들 것을 권하자 붓다가 "사람들(출가자와 재가자들)이 내 가르침을 배워 이해하고 실천하고, 그것을 다른 사람들에게도 가르치고 전파할 수 있을 때가 되면 반열반에 들겠다."라고 했던 약속을 상기시키기도 했습니다. 그런데 지금이 바로 '그 때'라는 것이었습니다.[91]

『유행경』에 따르면 마라의 재촉을 받은 붓다는 단호하게 대응했습니다. "그쳐라. 그쳐라. 나는 (열반에 들) 때를 스스로 알고 있다. 나는 지금 열반에 들지 않겠다. 모든 비구들이 모이기를 기다려야 한다."[92] 그러나 거듭되는 마라의 요구를 물리치지 못하고 끝내 "마라야, 조용히 있어라. 오래지 않아 나는 반열반에 들 것이다. 지금부터 3개월 후에 반열반에 들 것이다."라고 약속하고 말았습니다.[93] 마라는 붓다의 말을 듣자 "부처님은 거짓말을 하지 않는다. 이제 반드시 반열반에 들 것이다."라고 기뻐하면서 사라졌습니다.[94] 그러고 나서 붓다는 곧 "살려는 의지를 포기했다."라는 것입니다.[95] 그때 큰 지진과 천둥이 일어났습니다. 놀란 아난다가 그와 같은 이변이 일어난 까닭을 묻자 붓다는 자신과 마라 사이에 있었던 일과 반열반에 들기로 결정한 사실을 말해 주었습니다.

　아난다는 붓다께 그 결정을 번복해 달라고 세 번이나 간청을 했습니다. 붓다는 "아난다야, … 나는 (마라에게) 지금부터 3개월 후에 반열반에 들겠다고 분명하게 말했다. 내가 (더) 살기 위해 이 말을 취소한다는 것은 있을 수 없다."라고 단호하게 거절했습니다.[96] 이것을 『유행경』에서는 비유를 들어 "부귀한 장자가 음식을 땅에 뱉었다가 다시 그것을 기꺼이 집어 먹을 수 없듯이" 자신도 이미 입 밖으로 토해 낸 말을 결코 되돌릴 수 없다고 했습니다.[97]

　붓다는 아난다를 시켜 바이샬리 근처에 머물고 있는 비구들을 모두 중각강당大林에 모이게 해서 법을 설하고 자신이 3개월 후에 반열반에 들기로 했다는 것을 공개적으로 알렸습니다. 그때가 9월 중순, 안거가 거의 끝나갈 무렵이었던 것 같습니다. 붓다는 이 법회를 마친 뒤 아난다와 함께 여행길에 올랐습니다. 바이샬리를 떠나면서 '코끼리가 뒤를 돌아보듯' 뒤돌아서서 "아난다야, 내가 바이샬리를 보는 것도 이것이 마지막이 될 것이다."라고 말했습니다.[98]

　붓다는 바이샬리에서 안거가 끝나갈 무렵 건강을 완전히 회복했던 것 같습니다. 9월 중순에서 10월 초순경 바이샬리 지역의 기온은 아직 높습니다. 병에서 회복되지 않은 상태였다면 더위를 무릅쓰고 여행을 떠날 수 없었을 것입니다. 지금은 알 수 없는 곳들이지만 반다 마을, 압바 마을, 잠부 마을, 보가나가라를 두루 거치면서 사람들에게 법을 설하고 가는 곳마다 '머물고 싶은 대로' 머물렀습니다. 마침내 빠바 마을에 도착했습니다.

바이샬리를 떠난 지 적어도 7개월이 경과되었습니다. 지난번 편지에서 말했듯이 바이샬리를 떠난 것이 안거가 끝난 얼마 후인 9월 중순에서 10월 초순의 어느 때였을 것이므로 '3개월 후 반열반'의 약속이 이루어졌다면 붓다는 12월 중순에서 1월 초순의 어느 때 반열반에 들었을 것입니다. 그러나 붓다가 빠바 마을에 도착했을 때는 5월 중순이었습니다. 그 사이 아무런 일도 일어나지 않았습니다. '3개월 후 반열반' 문제에 대해서는 붓다도, 제자들도, 경전 편찬자들도 바이샬리 이후로는 전혀 관심을 보이지 않았습니다. 붓다 자신은 "(3개월 후 반열반에 들겠다고 한) 이 말을 취소한다는 것은 있을 수 없다."라고 했고, 마라는 "부처님은 거짓말을 하지 않는다. 이제 반드시 반열반에 들 것이다."라고 했지 않습니까. 자연 현상조차도 큰 지진과 천둥을 일으키면서까지 붓다의 '3개월 후 반열반 약속'이 틀림없이 이루어질 것이라는 것을 나타내지 않았습니까. 이처럼 엄청나게 중요한 것처럼 다루어진 그 '약속'이 어떻게 이렇게 아무런 이유도, 해명도 없이 어물쩍 넘겨져 버렸을까요.

내가 이해할 수 없는 일은 경전 편찬자들이 3개월 후 붓다의 열반 문제를 그렇게 거창하게 다루었다가 이처럼 흐지부지하게 처리해 버린 이유입니다. 스님을 지루하지 않게 하기 위해 많은 부분을 언급하지 않고 그냥 지나가 버렸지만 『대반열반경』은 붓다의 '3개월 후 반열반'과 관련해서 무려 22페이지라는 많은 분량을 할애하고 있습니다.[99]

붓다가 죽음과 같은 중병을 앓고 있을 때 수명을 연장하려고 했던 이유는 "(죽기 전에) 제자들을 만나야 한다."라는 것이었습니다(『대반열반경』 2장 23). 그러나 그 3개월 동안 붓다는 그들과 만나기 위해 특별한 기회를 만들지도 않았습니다. 스승의 '열반 결심' 소식을 전해 들었을 제자들이 붓다를 찾은 일도 없었습니다. 붓다는 여느 때처럼 마을과 마을을 거치면서 그곳에 있었던 제자들과 마을 사람들을 만나고 가르쳤을 뿐이었습니다. 그는 바이샬리에서 했던 것과는 달리 그들에게는 자신의 '열반 결심'에 대해 알리지도 않았습니다.

앞에서 이미 말한 것처럼 붓다는 3개월이 아니라 적어도 7~8개월 후에 열반에 들게 되었고, 그것도 의도했던 것이 아니라 우연히 쭌다라는 사람으로부터 받은 이상한 음식 공양 때문에 예기치 않았던 죽음을 맞이했던 것입니다. 쭌다의 공양이 아니었다면 몇 년을 더 살았을지도 모르는 일입니다. 따라서 '3개월'이라는 표현은 별다른 의미가 있었던 것이 아니었던 것 같습니다. 우리가 종종 접할 수 있는 일, 즉 병든 노인들이 "내 장례를 치르느라 자식들이 고생하지 않게 이번 가을이나 명년 봄쯤 죽었으면 좋겠다."라고 말하는 것과 같은 정도가 아니었을까요. 그렇게 말한 노인들이 그 가을이나 봄에 죽지 않았다고 해서 아쉬워할 사람도 없을 것이고, 그것에 대해 변명해야 할 필요도 없지 않습니까. 마찬가지로 붓다의 '3개월 후 반열반 약속'도 중병을 앓으면서 했던 붓다의 지나가는 생각에 지나지 않았던 같습니다. 그렇다면 경전은 이 지나가는 생각에 왜 그렇게 큰 의미를 부여하려고 했을까요.

지안 스님, 지루할 줄 압니다만 이 문제에 대해 한마디 더 하겠습니다. 『대반열반경』에는 마라가 매우 구체적인 존재처럼 묘사되고 있습니다. "마라는 붓다께 다가가서 한쪽에 섰다. 그는 붓다께 이렇게 말했다."[100] 그러나 이와 같은 마라는 실제로 존재하는 것이 아니지 않습니까. 경전에서는 무엇이라고 하든, 나는 이와 같은 마라를 인정할 수 없습니다. 마라라는 존재는 붓다의 마음속에 일어난 갈등이나 불안 또는 유혹과 같은 부정적인 생각이나 감정을 의인화擬人化한 것이라고밖에 생각할 수 없습니다. 마라가 존재하는 것이 아니라면 붓다와 마라 사이에 있었다는 대화도 허구일 수밖에 없겠지요. 역시 '3개월 후 반열반에 들겠다'고 했다는 붓다의 약속도 없었던 일 아니겠습니까.

이제부터는 붓다 죽음의 직접 원인이 되었던 쭌다의 공양과 붓다의 병에 대해 살펴보기로 하지요. 붓다 일행은 빠바라는 마을에 도착, 쭌다 소유의 망고 동산에 머물렀습니다. 쭌다는 붓다가 제자들과 함께 자신의 망고 동산에 머물고 있다는 것을 알고 그를 찾아가서 설법을 들었습니다. 붓다의 가르침에 감동을 받은 쭌다는 다음 날 아침 붓다와 제자들을 집으로 초청해서 음식 공양을 올렸습니다. 『대반열반경』에 의하면[101] 쭌다가 준비한 여러 가지 음식들 가운데 수까라맛다바Sūkaramaddava라는 음식이 있었습니다. 한역 열반경인 『유행경』에는 전단나무버섯栴檀樹耳이라고 되어 있습니다.[102] 붓다는 그것을 보고 "쭌다야, 이 수까라맛다바는 나에게만 공양하고 비구들에게는 다른 음식을 공양하여라."라고 했습니다. 공양이 끝나자 다시 "남은 수까라맛다바는 모두 구덩이를 파서 묻어라. (이 세상에서 나 외에는) 어느 누구도 이 음식을 먹고 완전히 소화할 수 있을 사람은 없다."라고 말했습니다. 그러나 이 음식물을 드신 붓다는 얼마 있지 않아 붉은 피가 섞인 설사를 하면서, '죽을 것 같은 심한 고통'을 받게 되었습니다極患腹痛…而便下血(『대반열반경』, 중권). 그리고 바로 그날 밤 반열반에 들었습니다.

수까라맛다바라는 음식은 사전적인 의미로는 '부드러운Maddava, soft 돼지고기Sūkara, pig'입니다.[103] 후세의 논사들은 붓다가 마지막으로 드신 음식에 대해 여러 가지로 해석을 했습니다. 그들은 붓다가 '돼지고기를 드시고 병에 걸려 열반했다'는 사실을 받아들이기가 힘들었던 것 같습니다. 그러나 『사분율장』(제6권)에는 "(어느 때 영취산의) 모든 상좌비구들이 돼지고기를 먹었다."라는 기사가 나옵니다.[104] 뿐만 아니라 같은 율장의 여러 곳에서 붓다가 비구들에게 "여러 가지 생선과 고기를 먹어라."라고 말한 것을 볼 수 있습니다.[105] 비구들은 병자가 아니더라도 세 가지 정육淨肉은 먹었고, 현재도 남방불교와 티베트 불교 승려들은 육식을 하고 있지 않습니까. 이런 사실로 미루어 보아 설사 붓다가 돼지고기를 드셨다 해도 이상할 것은 없을 것입니다. 게다가 그것이 전단나무버섯이었다면 더 말할 것도 없겠지요. 붓다의 마지막 음식이 돼지고기나 전단나무버섯이 아니었다해도 붓다가 반열반에 든 직접 원인은 쭌다에게서 공양 받았던 음식 때문이었던 것만은 틀림없습니다. 모든 열반경에서 한결같이 붓다에게 마지막 음식 공양을 올린 사람이 쭌다였고, 붓다는 그 음식 때문에 병에 걸려 반열반에 들었다고 말하고 있습니다.

붓다 이외에는 누구도 소화할 수 없다는 그 음식은 도대체 무엇이었을까요. 그런 위험한 음식을 쭌다가 어떻게 붓다에게 공양할 생각을 했을까요. 그렇지 않았을 것입니다. 쭌다와 그의 가족들도 이전에 그 음식을 종종 먹어 보았을 것입니다. 그랬기 때문에 쭌다는 그것을 붓다와 제자들에게 공양할 생각을 했을 것입니다. 역시 그것은 진귀한 음식도 아니었을 것입니다. 빠바처럼 작은 마을에서도 당장 그것을 어렵지 않게 구할 수 있었지 않습니까. 사실 그 음식물이 돼지고기였거나 전단나무버섯이었다면 진귀하지도 위험하지도 않은 것 아닙니까. 그렇다면 왜 쭌다가 올린 음식이 붓다에게 죽음에 이르는 병을 일으켰을까요.

나는 이 문제를 어렵게 생각하지 않습니다. 그 전날 오후에 음식 재료를 준비해서 밤사이에 요리를 했을 것이므로通夜辦於飮食, 그동안 음식이 상할 수 있었을 것입니다. 5월 중순의 빠바 지방의 기온은 40도를 오르내립니다. 이와 같은 더위에 특히 돼지고기나 버섯 같은 부드러운 음식은 쉽게 변질되었을 것입니다. 누구보다도 먼저 그 음식을 맛본 붓다는 그것이 약간 상했다는 것을 알았지만 애써 만든 음식을 모두 버리라고 하기는 어려웠을 것입니다. 그래서 붓다 자신은 그것을 드시면서도 다른 사람에게는 주지 말고 남은 것은 구덩이를 파서 묻으라고 했던 것이 아니었을까요. 『유행경』에 의하면 그 자리에 있었던 한 장로 비구가 그 음식을 조금 얻어먹었다고 합니다.

그러나 그는 아무 탈이 없었던 것 같습니다.[106] 이 사실은 무엇을 의미하는 것이겠습니까. 그 비구는 건강했기 때문에 괜찮았는데 붓다는 노쇠한 데다 얼마 전 중병에 걸린 일이 있었기 때문에 탈이 났던 것이라고 할 수 있겠지요.

인간 이상의 존재처럼 생각했던 붓다가 식중독으로 '피가 섞인 설사병에 걸려 열반에 들었다'는 사실을 붓다의 제자들, 특히 후세의 불교도들은 받아들이기가 어려웠겠지요. 그러나 붓다의 육신은 보통 사람들과 똑같은 물질로 구성되었으므로 좋지 않은 음식물을 섭취했을 때 탈이 나는 것은 너무나 당연한 일 아니겠습니까.

지안 스님, 내가 붓다의 병과 죽음에 대해 이처럼 집요하게 매달리는 것이 짜증스럽지요. 그러나 나는 붓다를 한 인간으로 보려고 한다는 것을 줄곧 말해 왔습니다. 나의 이 '끈질긴 추구'는 죽음 앞에 선 붓다의 인간적인 모습을 보기 위해서입니다.

붓다는 쭌다 집에서 공양을 받은 뒤 몇몇 제자들과 함께 꾸시나가라로 향해 길을 떠났습니다. 얼마 지나지 않아 "등이 아프다."라고 말하면서 나무 밑에 자리를 깔고 잠깐 동안 쉬었습니다. 다시 길을 계속 갔습니다. 지난날의 빠바라고 추정하는 현재의 파질나가르에서 꾸시나가라까지는 약 20km 거리입니다. 조금 지난 뒤 다시 붓다는 아난다에게 "내 등의 고통이 아주 심하다. 자리를 깔아다오."라고 호소했습니다. 붓다는 피로와 심한 갈증 때문에 더 이상 걸을 수 없게 되었습니다. 길가의 나무 아래 윗옷을 네 겹으로 접어 깔게 하고 앉아 휴식을 취했습니다.[107] 붓다는 아난다에게 근처에 있는 개울로 가서 마실 물을 길어오라고 했습니다. 그러나 아난다는 조금 전에 많은 수레들이 그곳으로 지나갔기 때문에 흙탕물이 되어 마실 수 없을 것이므로 그곳에서 멀지 않은 까꿋타Kakutthā 강까지 가자고 말했습니다. 그런데도 붓다는 세 번씩이나 물을 떠오라고 재촉했습니다. 얼마나 목이 말랐으면 그랬으랴 상상이 됩니다. 심한 복통과 무자비한 5월 한낮의 열기와 여행의 피로로 기진맥진한 붓다의 모습이 눈에 보이는 듯하지 않습니까.

학자들이 추정하는 것처럼 현재의 가기Ghāgī 강이 지난날의 그 까꿋타 강이라고 한다면 쭌다 마을인 빠바에서 이 강까지는 약 4~5km 거리입니다. 붓다는 제자들과 함께 까꿋타 강에 도착하자 곧바로 목욕을 하고 물을 마신 뒤 건너편 강 언덕으로 올라가 망고나무 아래에 윗옷을 접어 깔게 하고 누웠습니다. 붓다는 까꿋타 강변에서 휴식을 취한 뒤 다시 길을 떠났습니다. 예정한 그날의 목적지는 그곳에서 서쪽으로 약 15km 거리에 위치한 히란냐바띠 강 건너편 꾸시나가라였습니다. 히란냐바띠 강 너비는 약 10m쯤 됩니다. 바지를 걷어 올리고 쉽게 건널 수 있는 작은 강입니다. 붓다는 이 강을 건너 얼마 멀지 않은 사라나무 숲으로 갔습니다. 거의 해가 넘어가고 있던 석양 무렵이었습니다. 붓다는 기진맥진한 상태였을 것입니다. 곧 아난다에게 "한 쌍의 사라나무 사이에 북쪽으로 머리를 향하게 누울 자리寢牀를 준비하여라. 피곤하구나. 누워야겠다."라고 말했습니다.[108] 이렇게 누운 붓다는 그 자리에서 다시 일어나지 못했습니다. 그곳이 죽음의 자리, 열반의 자리가 되었습니다.

그날 아침까지만 해도 붓다가 그런 병에 걸릴 것이라고 생각한 사람은 아무도 없었습니다. 더욱이 그날 밤 외딴 마을 변두리 숲속의 두 그루 나무 사이에 누워 열반에 들 것이라고 누가 생각이나 했겠습니까. 상황이 이렇게 급박하게 변할 줄 짐작이라도 했었다면 아난다를 비롯한 제자들과 쭌다가 붓다를 빠바에 머물게 해서 병을 치료해 드렸을 것입니다.

아난다는 그 사라나무 밑이 스승의 열반 자리라는 것을 알게 되자 붓다에게 간청했습니다. "세존이시여, 이처럼 작고 척박하고 볼품없는 도시에서 반열반하지 마옵소서. 짬빠, 라자그리하, 슈라바스띠, 사께따, 꼬삼비, 바라나시와 같은 큰 도시들이 있지 않습니까. 그곳에는 세존을 신봉하는 부유한 끄샤뜨리야, 바라문, 장자들이 많이 있습니다. (그들은 세존의 장례를 잘 치러 줄 것입니다.)"[109] 그러자 붓다는 "아난다야, 이 꾸시나가라를 작고 척박하고 볼품없는 도시라고 그렇게 말하지 마라. 옛날 마하수닷사나라는 전륜성왕의 도읍지가 꾸사바띠라는 큰 도시였는데, 그 도시가 지금의 이 꾸시나가라이다."라고 응답했습니다. 붓다는 계속해서 지난날 그 꾸사바띠가 얼마나 부유하고 번창했던가를 온갖 황당한 내용들을 가지고 설명했습니다. 『유행경』에 의하면 한글 번역으로 장장 12페이지나 됩니다. "나는 일찍 이곳에서 여섯 번 태어나 전륜성왕이 되어 뼈를 이 땅에 묻었다. 이제 나는 위없는 정각을 이루고 다시 생명을 버려 몸을 이곳에 둔다."

라는 말로써 이야기를 끝내었습니다.[110]

붓다와 아난다 사이의 이와 같은 대화는 실제로 있었다고는 생각되지 않습니다. 제자들과 신도들은 붓다가 그처럼 외지고 작고 볼품없는 시골 마을의 변두리, 두 그루 나무 밑에서 쓸쓸하게 죽음을 맞이한 사실을 받아들이기가 힘들었을 것입니다. 그와 같은 죽음은 일종의 객사客死였습니다. 그래서 경전 편찬자들은 아난다를 개입시켜 붓다로 하여금 그곳이 초라한 곳이 아니라 유서가 깊은 장소로서 붓다가 반열반을 하기에 합당한 곳이라는 것을 직접 증언한 것처럼 만들었을 것입니다.

붓다의 죽음이 몇 달 전에 이미 예정된 일이었다면, 아난다의 입을 통해 나타낸 것처럼 라자그리하나 슈라바스띠처럼 인연이 깊은 큰 도시에서 반열반에 들지 않고 어떻게 꾸시나가라와 같이 '작고 척박하고 볼품없는 도시'에서 죽음을 맞이했겠습니까. 또한 꾸시나가라가 붓다의 말씀처럼 열반의 땅으로서 마땅한 곳이었다면 왜 구차스럽게 아난다의 '간청'과 붓다의 장황하고도 황당한 '해명'이 필요했겠습니까.

지안 스님, 붓다가 했던 그 여행의 최후 목적지는 어디였을까요. 열반경에서는 이것에 대해 아무런 언급도 암시도 없습니다. 그러나 틀림없이 슈라바스띠의 기원정사였을 것이라 생각됩니다. 붓다에게 일생을 통해 가장 중요한 장소는 라자그리하와 슈라바스띠였지 않습니까. 역시 붓다가 가장 좋아했고 제일 오랫동안 머물렀던 곳도 이

두 곳이었습니다. 대부분의 경전들도 이 두 도시에 있었던 죽림정사와 기원정사에서 설해졌습니다. 라자그리하에서 서북쪽으로 빠딸리뿌뜨라·바이샬리·꾸시나가라로, 거기에서 약간 북쪽으로 방향을 잡으면 붓다의 고향인 까삘라바스뚜이고 약간 서쪽으로 향하면 슈라바스띠-기원정사로 가게 되지 않습니까. 그런데 붓다의 이번 여정이 꾸시나가라에서 끝났기 때문에 우리는 최종 목적지를 분명하게 알 수가 없습니다. 그래서 두 가지 주장이 가능한 것 아니겠습니까.

『대반열반경』을 일본어로 번역한 하야시마 교세이早島鏡正 같은 학자는 한마디로 "붓다는 만년에 이르러 죽음이 임박했음을 알고 영취산을 뒤로 한 채 고향인 까삘라바스뚜를 향하여 마지막 여행길에 올랐다."라고 단언했습니다. 그러나 붓다가 고향을 떠난 지 51년이 되었습니다(수행 6년+교화 45년). 부왕 숫도다나는 이미 오래전에 세상을 떠났고, 어머니養母, 부인, 아들, 형제와 많은 일가친척들은 출가했거나 사망했기 때문에 고향에 가더라도 만날 사람은 아무도 없었을 것입니다. 또한 까삘라바스뚜의 샤까족은 꼬살라국의 침공을 받아 멸망해 버렸습니다. 그곳은 붓다에게 이미 타향이지 고향이 아니었습니다.

설사 고향이 건재하고 가족과 친척들이 고향을 지키고 있었다 해도 붓다가 생애의 마지막에 노구를 이끌고 고향으로 가고 싶어 했을까요. 게다가 앞에서 이미 자세하게 언급했듯이 붓다가 영취산을 떠날 때는 이번 여행이 마지막이라고 생각하지도 않았을 뿐 아니라 죽음을 예감하지도 못했습니다. 이와 같은 여러 가지 정황으로 미루어 보아 이번 여행도 그동안 항상 했던 것처럼 일상적인 교화 여행이었을 것이고 목적지는 슈라바스띠의 기원정사였을 것이라고 생각하는 것입니다.

갑자기 맞이하게 된 붓다의 죽음 앞에서 아난다는 얼마나 당황했을까요. 장례 문제에 대해 의논할 사람도 없었을 것입니다. 그래서 죽음의 당사자인 붓다께 직접 물었습니다. "세존이시여, 저희들은 어떻게 여래의 장례를 거행해야 합니까." 붓다는 한마디로 답을 주었습니다. "아난다야, 너희들은 나의 장례에 대해 상관하지 마라. 너희들은 오직 출가 본래의 목적을 위해 바른 마음으로 노력하고 방일하지 말고 정진하여라. 장례는 신심 있는 재가 신도들이 알아서 할 것이다."[111] 그제야 아난다는 스승의 죽음이 실감났던 것 같습니다. 한 구석으로 가서 울면서 스승과의 이별을 슬퍼했습니다. 아난다가 보이지 않자 붓다는 사람을 시켜 찾아오게 해서 그를 위로했습니다. "아난다야, 너는 나의 죽음을 한탄하거나 슬퍼해서는 안 된다. 나는 너에게 항상 말하지 않았느냐. 아무리 사랑하고 마음에 맞는 사람일지라도 마침내는 헤어져야 한다는 것을. 그것을 어찌 피할 수가 있겠느냐." 그러고는 긴 세월 동안 충실하게 시봉을 들어 주었던 아난다에게 고마움을 표하고 칭찬해 주었습니다.[112] 아난다는 4촌 동생이자 제자로서 붓다가 55세였을 때부터 마지막 순간까지 25년 동안 그림자처럼 그의 곁을 떠나지 않았지요.

불과 몇 시간 전까지만 해도 '등이 몹시 아프다吾背痛甚, 목이 마르

다吾渴欲飮, 잠깐 쉬도록 자리를 깔아다오暫止息, 敷座'라고 호소했던
붓다는 이제 완전히 평정을 찾았습니다.[113] 붓다는 아난다를 시켜 꾸
시나가라 주민들에게 자신의 죽음을 알리도록 했습니다. 붓다가 그
들의 마을에서 반열반入寂을 했는데도 그의 마지막 모습을 보지 못
한 일로 뒷날 그들이 자책하지 않도록 하기 위한 배려였습니다. 아난
다가 마을로 가서 붓다의 반열반을 알리자 많은 사람들이 슬퍼하면
서 몰려와 붓다에게 마지막 인사를 드렸습니다.[114]

　그들 가운데 수밧다라는 이교도 수행자가 있었는데, 그는 법法에
대한 의문을 풀기 위해 붓다를 뵙겠다고 떼를 썼습니다. 지쳐 있는
붓다를 성가시게 할 것을 염려한 아난다는 그가 붓다에게 접근하지
못하도록 막았습니다. 그러나 수밧다는 거듭 같은 요구를 했습니다.
두 사람 사이에 오가는 말을 듣고 있던 붓다는 아난다에게 그를 제
지하지 말라고 했습니다. 수밧다는 가르침을 받고자 하는 것이지 자
신을 성가시게 하려는 것이 아니라는 것이었습니다. 붓다는 그를 곁
으로 오게 해서 그의 말을 들은 뒤 만족스러운 가르침을 주었습니
다. 수밧다는 그 자리에서 출가 수계를 함으로써 붓다의 마지막 제
자가 되었습니다.[115]

이제 최후의 순간이 왔습니다. 이때 붓다가 생각했던 것은 무엇이었
겠습니까. 자신이 세상을 떠난 뒤 구심점을 잃어버린 교단에 일어날
지도 모를 혼란과 자신이 생애를 바쳐 펼쳤던 가르침을 제자들이 배
우고 실천하는 데 소홀하게 될지도 모른다는 것이었습니다. 말하자

면 붓다 이후의 교단 문제였습니다. 이미 제자들도 붓다가 병들고 노쇠해 가는 것을 보면서 이와 같은 생각을 하고 있었을 것입니다.

1년 전 바이샬리에서 붓다가 중병을 앓다가 회복했을 때 아난다가 붓다에게 했던 말에서도 그것을 짐작할 수 있습니다. 그는 "세존께서 비구 승가에게 아무런 분부도 없으신 채 반열반에 들지는 않으실 것이라고 생각하면서 겨우 안심을 했습니다."라고 말씀드린 일이 있었습니다. 여기서 '아무런 분부도 없으신 채'라는 말은 붓다 사후 승가僧伽를 이끌어 갈 '후계자의 지명도 없으신 채'라는 의미가 아니었을까요. 붓다는 아난다의 말에 "내가 비구 승가를 거느린다거나 비구 승가가 내 지도를 받는다는 생각은 없다. 그러므로 내가 승가에 대해 무엇을 당부한다는 말인가."라고 대답했습니다.[116] 이 말 역시 '내 입장이 승가를 거느리고 지도하는 것이 아닌데, 내가 누구를 후계자로 정해 승가를 거느리고 지도하도록 당부한다는 말인가'라는 의미로 이해됩니다. 내 생각이 지나친 것일까요.

붓다는 자신이 승가의 주축이고 구심점이 아니라고 생각했을지 몰라도 실제로는 승가를 거느렸고 지도해 왔던 것임에는 틀림없는 일이지요. 이제 그 구심점이 사라질 순간이 온 것입니다. 붓다가 마지막으로 생각한 것은 이 문제였습니다. 그래서 아난다에게 "아난다야, 너희들 가운데 '스승의 가르침은 이제 끝나버렸다. 이제 스승은 계시지 않는다'라고 생각할 사람이 있을지도 모르겠다. 그러나 그렇게 생각해서는 안 된다. 아난다야, 내가 가고 난 뒤에는 내가 너희들에게 가르쳐 밝힌 법法과 율律이 너희들의 스승이 될 것이다."라고 말

했습니다.[117]

불교에서 중심은 '사람人'이 아니라 '진리法'라는 것, 이것은 불교의
가장 큰 특색으로 붓다가 기회 있을 때마다 강조한 사실 아닙니까. 우
리가 궁극적으로 의지해야 할 것은 '법'이지 싯다르타라는 '사람'이 아
니라는 것입니다. 법을 이해하고 응용해서法歸依 우리의 문제苦를 해
결해야 하는 것은 결국 우리 자신이지 않습니까自歸依. 바이샬리에
서 중병으로부터 회복된 붓다가 아난다에게 "너희들은 자신을 귀의
처로 삼고, 남他人을 귀의처로 삼지 마라. 법을 귀의처로 삼고, 다른
것을 귀의처로 삼지 마라."라고 했던 가르침에서도 이 사실이 분명하
게 드러나지요.[118]

지안 스님, "내가 가고 난 뒤에는 내가 너희들에게 가르쳐 밝힌 법
과 율이 너희들의 스승이 될 것이다."라는 이 무미건조한 말이 나에
게는 어떠한 거창한 다른 말보다도 가슴에 와 닿습니다. 붓다는 법
이 자기 자신보다 우선한다는 것을 잊은 적이 없었습니다. 생애의
마지막 순간에도 제자들에게 이 점을 분명히 인식시키고 있지 않
습니까.

붓다는 자신의 임종을 위해 모인 제자들에게 '불법승佛法僧과
도道와 실천에 대해 의문이 있는 사람은 질문을 하라'고 했습니다.
자신이 세상을 떠난 뒤 물어 보지 못한 것을 후회하는 일이 없도록
하기 위해서였습니다. 세 번씩이나 거듭 독촉했지만 비구들은 모두
침묵을 지키고 있었습니다. 붓다는 그들이 스승인 자신에 대한 존경
심 때문에 감히 질문을 할 수 없다면 자신을 그들의 도반처럼 생각

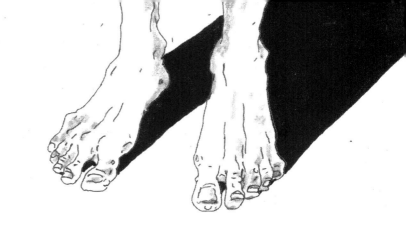

하고 질문을 하라고까지 말했습니다.[119] 이것은 마지막 순간까지 작은 의문이라도 풀어 주고 싶어 했던 붓다의 제자들에 대한 애정이었습니다. 그들이 끝내 모두 침묵을 지키고 있자, 아난다가 '불법승과 도와 실천에 관해 의문을 가진 사람은 아무도 없다'고 붓다께 말했습니다. 마침내 붓다는 "형성된 것은 모두 소멸하기 마련이다. 게으름 피우지 말고 수행을 완성하여라."라고 말했습니다. 경전은 "이것이 여래가 이 세상에 남기신 최후의 말씀이다."라고 기록하고 있습니다.[120]

붓다는 이 말을 마치고 조용히 선정에 들었습니다. 제자들은 묵묵히 붓다의 임종을 지켰습니다. 마침내 붓다는 반열반에 들었습니다. 지금으로부터 2,552년 전 베사까 달Vesāka, 음력 4월 보름날 밤중이었습니다. 보드가야에서, 호진 합장.

죽음은 단지
죽음일 뿐

::

호진 스님, 순례 일정을 마무리하고 보드가야로 돌아왔다니 전해 듣는 내 마음이 한결 안심이 됩니다. 사실 스님의 순례 행로에 내심 걱정을 많이 하였습니다. 별 탈 없이 무사한 행로가 계속되는지, 혹 지쳐서 중도에 포기하는 일이 생기지 않을까 하는 염려도 하였지요. 초전법륜의 길, 열반의 길, 부처님이 걸으셨던 장장 수백 km의 길을 스님이 2,600년의 시차를 두고 도보 순례를 해내었다는 것은 결코 작은 일이 아닌 것 같습니다. 불교 역사에 숨겨진 또 하나의 이야기가 만들어진 것 같습니다.

이번 편지에서는 '붓다의 마지막 여행'을 주제로 한 부처님 열반에 대한 이야기가 여러 경전의 고증을 통하여 서술된 내용이 매우 좋았습니다. 스님이 설명하는 부처님 생애의 마지막 모습이 오히려 가식 없이 진솔하게 와 닿아 부처님에 대한 새로운 이해가 생기는 것 같았습니다. 스님이 연구하는 부처님의 인간적 참모습은 지금까지 이해해 온 과거의 설들과는 비록 다르게 서술되는 점들이 있더라도 객관적 정황의 보편적 인식 기준이 될 것 같다는 생각이 들기도 합니다. 물론 석가모니 부처님을 이해하는 각도가 사람의 주관에 따라 차이

219

가 있을 수 있겠지만, 스님처럼 순수한 이성적 판단에 입각해 객관적 정황을 무리 없이 이해하도록 설정해 주는 것은 불교의 새로운 이해를 도와주리라 믿습니다.

지금까지 일반적으로 보아 온 부처님 열반에 대한 서술은 전설적인 요소가 가미되어 역사적 사실의 문제와 혼동이 될 소지가 있지 않았나 생각됩니다. 우리 같이 경전을 공부하는 사람에게 있어서 하나의 고민은 경전에 설해진 내용 가운데 전설적인 요소와 역사적 사실의 문제를 어떻게 구별하느냐 하는 것입니다. 이것은 참으로 어렵고 때로는 곤란한 문제이기도 합니다. 물론 전설은 전설로 받아들이면 되고 역사적 사실은 사실 그대로 이해하면 된다 하겠지만 이것이 어렵다는 것입니다. 왜냐하면 과거에는 전설적 요소를 역사적 사실로 믿는 것이 부처님에 대한 예의인 것처럼 생각됐고, 또한 순수한 신심인 것처럼 여겨 왔습니다. 그러나 현대와 같이 고도로 지성이 발달된 사회에서는 전설을 역사적 사실로 인식하는 것이 교조에 대한 충성이라는 생각을 고쳐야 된다고 생각합니다. 종교의 가르침이 역사를 왜곡하는 일방적 주장이 되어서는 안 되지 않습니까. 교조를 지나치게 우상화하거나 지나치게 미학적으로 묘사를 해 꾸미면 인간적 순수성과 소박성이 실종되는 결과를 가져오기 때문에, 비록 근기가 약한 사람들을 위하여 부득이한 방편이 필요할지라도 전설적 요소를 역사적 사실로 인식하게 해서는 곤란합니다. 자칫 종교적 위선의 덫에 걸릴 염려가 생기기 때문입니다. 이러한 사람들은 이성을 잃고 맹목적 신앙에 빠져 결국 인간성을 유린하게 됩니다.

어느 종교 할 것 없이 교조의 죽음을 미학적으로 묘사해 온 경향이 없지 않았습니다. 부처님이 열반에 들기 전에 미리 열반에 들 것을 예언했다는 이야기 등도 죽음에 대한 미학적 수식이라고 볼 수 있을 것 같습니다. 물론 때로는 성인이 아닌 범부라 하더라도 자신의 죽음을 예견하는 수도 있겠지요. 그러나 불교의 윤회설에서 볼 때 태어남과 죽음 모두 인생이란 삶의 진행 과정이라 할 수 있지 않겠습니까. 무상無常이라는 말 자체가 통과의 과정을 의미한다고 할 것입니다. 생사가 하나의 통과의 과정이라면, 지극히 평범한 의미 이상의 특별한 묘사를 하는 것은 중생의 마음에 심리적인 자극을 주기 위한 작위적 드라마의 연출에 불과할 수 있지요.

종교가 반성해야 될 또 하나의 문제는 범부들의 미혹한 마음에 감동을 주기 위하여 범부의 속된 감정에 비위를 맞추는 저속한 픽션을 만드는 일입니다. 스님 말처럼 사람이 아닌 법을 중심으로 하는 불교라면 무엇보다 법을 바로 알게 하는 것이 중요할 것이고 허구적 작위성에 의한 미혹한 감동을 조장하는 것은 금물이라 할 수 있을 것입니다.

스님이 소상히 밝히고 있는 것처럼, 부처님 열반 당시의 정황에는 경전 편집자들의 문학적 수사가 추가되었다고 말할 수 있을 것입니다. 스님이 예시한 대로 마라의 이야기가 자주 등장하는데, 이러한 내용에 대해 나 자신도 난감해한 적이 있습니다. 초기 경전을 대표하는 『숫따니빠따』의 내용 중에 부처님이 신들과 대화를 하는 장면

이 거의 3분의 1에 해당하는 것을 보고 매우 놀랐습니다. 밤중이 지난 시간에 신이 부처님을 찾아와 질문을 하기에 부처님이 대답해 주었다는 내용이 여러 곳에 나오지요. 물론 종교가 초인간적인 영역을 갖고 있는 것은 또 다른 차원의 불가피성이라 할 수 있겠지만, 이것은 어디까지나 그림으로 말하면 여백에 칠해진 옅은 색깔에 지나지 않는 것입니다. 그런데 마치 이것이 핵심인 양, 사실로 확인된 것처럼 여기는 사람들의 잘못된 인식이 문제가 되는 것이지요.

앞서 말한 대로 종교의 성전들도 문학적인 장르에 속한다고 보면 경전도 하나의 작품이 됩니다. 소설가가 쓴 문학작품과 다를 바 없다는 이야기이지요. 문학작품 속에 인간의 삶을 탐구하는 상징적 의미가 들어 있듯이, 경전 속에 나오는 의인화된 이야기들이 갖는 상징적 의미 역시 충분히 이해할 수 있습니다. 그렇지만 이러한 요소들에 의해 실제적 사실이 터무니없이 왜곡되는 것은 막아야 할 것입니다. 한 인간의 소박하고 순수한 모습을 너무 초인간적으로 묘사하면 가공된 그 이야기 때문에 본래 모습이 실종된다는 스님의 주장에 공감합니다. 틀림없이 부처님도 제자들에게 자신을 초인간적인 신과 같은 존재로 생각하지 말라고 하였을 것입니다.

호진 스님, 부처님의 열반이 결국 한 사람의 생애를 마친 죽음이라면 최후의 공양을 올린 쭌다의 음식이 돼지고기이든 전단나무버섯이든 아무 상관없는 것 아닙니까. 죽음 자체를 가지고 어떤 이미지 제고를 시도하는 것은 그야말로 부질없는 중생의 분별심이지요. 미학적 묘사가 문학적인 작품의 가치를 높인다고 볼 수 있을지는 모르지만, 스님이 강조한 '법을 바로 아는 것'은 객관적으로 평가하는 작품의 우수성과는 그 차원이 다르지 않겠습니까.

아시다시피 중국이나 우리나라의 역대 선사들이 죽음에 임해 좌탈입망坐脫立亡을 했다는 이야기가 죽음의 미학처럼 소개되어 왔습니다. 앉은 채로 돌아가고 선 채로 돌아가고 심지어 물구나무선 채로 돌아갔다는 이야기도 있습니다. 누워서 돌아간 것과 자세만 다를 뿐인 이러한 이야기들이, 보통 사람들은 할 수 없는 뛰어난 능력을 발휘한 경우나 특별한 도력을 지녔다는 의미로 지나치게 채색되어 온 나머지 누워서 죽은 사람은 앉아서 죽은 사람보다 수행력이 떨어지는 것처럼 오해되는 경우도 있었습니다. 참 이상하지요. 부처님은 스님이 보여준 열반경에 있는 이야기처럼 누워서 열반에 들었습니다. 다시 말해 좌탈입망을 안 했다는 것입니다. 그렇다면 죽을 때 취하는 사람의 자세에 무슨 큰 의미를 두어야 하는 것일까요. 이와 마찬가지로 부처님의 열반 문제도 그저 부처님이 열반에 들었다는 사실뿐이지요. 석 달 전에 예언을 했느니, 영취산을 떠날 때 열반을 생각했느니 하는 것은 후대에 말을 꾸미거나 글로 수식하기를 좋아하는 호사가들의 자의적인 서술일 뿐 부처님의 열반은 그저 열반일 뿐이라고 생각됩니다.

나는 중국의 구화산을 참배하면서 느꼈던 점이 있습니다. 지장보살의 성지로 알려진 구화산에는 우리나라 통일신라 시대 교각 스님의 월신전月身殿이 있습니다. 월신이란 육신肉身의 육肉자를 월月자로 달리 쓴 말입니다. 교각 스님의 육신이 모셔진 법당이라는 뜻이지요. 그런데 구화산에는 육신을 모셔 둔 절들이 여러 곳 있었습니다. 지장선사地藏禪寺라는 절에는 자명慈明 스님의 등신불이 모셔져 있었고 백세궁百歲宮이란 절에는 구화산에 들어와 100년을 수행하다 돌아간 무하無瑕 스님의 등신불이 모셔져 있었습니다. 또 최초의 비구니 등신불인 인의仁義 스님의 등신불이 모셔져 있는 절도 있었습니다. 모두 죽은 다음 앉은 자세의 시신을 항아리에 넣었다가 3년이 지난 후 꺼내 보니 부패되지 않아 시신에 도금을 하여 등신불로 모신 것입니다.

살아생전에 수행을 잘하여 사후의 이적을 보인 등신불의 자취들이 불교 신도들에게 신심을 고취시키는 방편이 되리라고는 생각합니다만, 부처님도 화장을 하였는데 스님들의 시신을 도금하여 등신불로 안치한 것이 과연 입적한 스님들의 본래 뜻이었는지 궁금했습니다. 만약 그러했다면 왜 사후에 등신불의 자취를 남겨 절을 받고 싶어 했는지 의문이 생기더군요. 신앙적인 의례에 도움을 주기 위해서일까요. 새삼스러운 이야기입니다만, 부처님이 "법을 보는 자는 나를 본다."라고 하시지 않았습니까. 시신을 도금하여 등신불로 모시는 것보다, 비록 신앙의 의례는 아니지만 시신을 병원에 기증하여 환자의 병을 고치도록 하고 의술을 연구하게 하는 것이 더욱 가치 있는 일일 수도 있을 것입니다. 오늘날 종교가 신앙 의례에 치중한 방편만을 개발하고 '법을 보고 눈을 뜨는 일'을 소홀히 하고 있지 않은지 반성하는 것은 매우 중요한 일이라 생각됩니다.

호진 스님, 인도 체류 중 마지막으로 보내 준 편지에는 마음속을 시원하게 해 주는 말들이 많이 들어 있어 되풀이해 잘 읽었습니다. 다시 생각하는 것이 많았습니다. 스님과 내가 공감하고 있는 점은 불교를 다시 생각해 보면서, 부처님 가르침의 참뜻을 현재와 미래를 향하여 어떻게 적용하고 실천할 것인가를 고민하는 것이라 생각됩니다. 시대에 따라 새로운 부처님상이 부처님의 법에 맞게 다시 나타나기를 기대해 봅니다. 지안 합장.

내겐 너무
인간적인

:::

지안 스님, 지금까지 되풀이해 온 말이지만 나에게 분명한 사실은 '싯다르타 고따마 붓다'는 인간적인 존재였다는 것입니다. 그는 우리와 똑같은 감정과 육체적인 기능과 감각과 따뜻한 피를 가진 인간이었습니다. 매일 밥을 먹고 변소에도 갔고 밤에는 잠을 잤습니다. 감기와 설사병에도 걸렸고, 돌 조각에 맞아 발가락에 상처를 입어 피를 흘리기도 했습니다. 아난다와 사리뿌뜨라 같은 제자들을 사랑했고, 데바닷따와 꼬삼비 비구들을 미워하기도 했습니다. 사람들로부터 시기와 모함을 받은 것은 물론 마라에게 유혹을 받기도 했고 때로는 불안과 갈등에 시달리기도 했습니다. 늙고 병들고 고통스러워했으며 마침내는 다른 사람들처럼 죽었습니다. 그러나 그는 인류 역사상 가장 위대한 성자로서 시간과 공간을 뛰어넘은 인류의 스승이 되었습니다.

시간과 더불어 사람들은 인간이었던 그를 '신 가운데 가장 큰 신天中天'으로 만들기 시작했습니다. 그것은 싯다르타 고따마 개인에 대한 영광과 숭배를 위해서라기보다는 우리의 필요와 바람所望 때문이었습니다. 우리들 자신이 성취할 수 없는 많은 일들을 대신 이루어 줄 수 있는 존재가 절실히 필요했던 것입니다. "당신은 우리에게 이와 같은 존재가 되어 주시기 바랍니다."에서 끝내는 "이런 존재이지 않으면 안 됩니다."로 되었습니다. 그래서 싯다르타 고따마는 본의 아니게 기적과 신통, 전설과 신화, 난해하고 사변적인 사상 등 온갖 이상한 옷을 입으면서 역사적이고 인간적인 모습을 포기할 수밖에 없었습니다.

그의 위상이 한 단계 올라가자 그의 가르침도 거기에 걸맞게 달라져야 했습니다. 많은 사상가論師들은 초인간적인 붓다가 되어버린 싯다르타 고따마에게 걸맞은 '사상'을 만들어 주기 위해 전력을 기울였습니다. 역시 많은 예술가들도 그의 육체가 32상相에 80가지의 아름답고 성스러운 모양을 가지도록 온갖 노력을 다했습니다. 그가 추구하는 목표는 '개인적인 열반의 성취'가 아니라 '모든 존재들의 제도衆生濟度'라는 거창한 것으로 바뀌어야 했습니다.

이제 신과 같은 존재로 되어버린 그의 활동 영역은 삼천대천세계三千大千世界, 10억 개의 태양계라는 공간과 함께 영겁永劫 또는 아승기겁과 같은 무한대의 시간으로까지 확대되었습니다. 그는 이 세상 인간사뿐 아니라 우주와 관계된 일까지 무엇이든지 알 수 있고 또 할 수 있는 전지전능한 해결사의 능력도 가지게 되었습니다. '붓다'가 되기 위해서 몇 아승기겁이라는 계산할 수 없는 긴 시간을 수행해야 했으며, 그가 깨달은 진리는 보통 인간으로서는 도저히 접근할 수 없는 것처럼 되어버렸습니다. 그는 시간과 공간을 뛰어넘는 초역사적, 초인간적인 존재가 되고 말았습니다.

어느 때부터 역사적이고 인간적인 싯다르타 고따마가 설 자리는 없어져 버렸습니다. 그가 지금 우리들 앞에 나타난다면, 초인간적인 붓다에 익숙해진 우리는 너무나 평범하고 소박한 그를 알아볼 수 없을 것입니다. 그가 진짜 '싯다르타 고따마 붓다'라는 사실이 확인된다면 우리는 반가워하고 기뻐하기는커녕 매우 당황스러워하고 민망해할 것입니다. 그동안 많은 노력을 기울여 우리가 원하는 만능의 위대한 붓다를 '만들어' 모시고 있는데, 기적이나 신통 같은 일과는 거리가 멀 뿐 아니라 심심난해한 법 같은 것도 알지도 못하는 갠지스강변의 '평범한' 싯다르타 고따마 붓다가 나타났으니 얼마나 난처하겠습니까. 다소나마 공부를 한 현대 불교인이면 알고 있을『구사론俱舍論』이나『유식唯識』같은 논서는 두고라도『법화경』이나『화엄경』과 같은 경전에 대해서 전혀 알지 못하는 그런 싯다르타 고따마 붓다를 보는 우리의 실망과 충격은 어떻겠습니까.

사람들은 현재 자신들이 모시고 있는 '붓다'와 '고따마 붓다'를 함께 받아들일 수는 없을 것입니다. 그렇다면 어느 붓다를 취할 것입니까. 선택의 여지는 없을 것입니다. 역사적인 고따마 붓다를 소문나지 않게 뒷방으로 모셔야 할 것입니다. 그러고는 "고따마 부처님, 당신의 시대는 이미 끝났습니다. 여기에서 조용히 계십시오."라고 한마디 하고, 그가 바깥으로 나오지 못하게 방문을 걸어 잠근 뒤 잘 지켜야 할 것입니다. 그의 출현으로 인해 긴 세월 동안 애써 '만들어 놓은' 우리의 사랑하고 숭배하는 '신 가운데 가장 큰 신'인 붓다의 신상에 누라도 끼칠 일이 일어난다면 큰일일 테니까요.

　오랫동안 인간적인 싯다르타 고따마의 실상을 찾아 헤매왔던 나는 때때로 이와 같은 추구가 과연 온당한 일일까라는 생각으로 괴로워하기도 합니다. 무엇을 위해서, 그리고 누구를 위해서 이와 같은 일이 필요할까요. 무엇보다도 내가 갖고 있는 문제는 싯다르타 고따마의 참 모습을 멀리서 희미하게나마 보고 싶은 욕구를 잠재울 수 없다는 것입니다. 그러나 어떻게, 그리고 얼마나 그에게 접근할 수 있을까요.

1 金倉圓照,『印度古代精神史』, pp.291-292; 中村元,『ゴータマ · ブッダ』, p.37; 대 정장 4, p.4중(『佛所行讚』제1권 2, 處宮品); 赤沼智善,『印度佛教固有名詞辭典』, p.613.

2 대정장 1, p.777하(『중아함』56권 204, 羅摩經); 同2, p.619상(『증일아함』14권 24의 5, 高幢品); 同22, p.104중(『오분율』제15권); 同22, p.787하(『사분율』제32권);『맛 지마니까야』1권(26경), p.526(전재성) 外.

3 대정장 24, p.114중(『근본설일체유부비나야파승사』, 3권); 同, pp.111하-112하.

4 대정장 22, p.809하(『사분율』34권).

5 대정장 2, p.621하(『증일아함』15권 24의 2); 대정장 3, p.606상(『方廣大莊嚴經』11 권).

6 『숫따니빠따』제446 偈에 의하면 "마라(魔羅)들은 (싯다르타의 수행기간인) 7년 동안 그를 한 걸음 한 걸음 따라다녔다." (그러나 그는 항상 조심했기 때문에 마라 들은 수행을 방해할 수 없었다)는 것입니다. 魔羅는 마음속에 일어난 갈등을 擬 人化한 것이라고 생각합니다.

7 『Mahāvastu』III, pp.325-328; 中村元,『ゴータマ · ブッダ』, p.230, 註 6.

8 대정장 22, p.104상(『오분율』제15권); 父王昔遣五人隨侍勞苦此功應報; 대정장 22, p.787중(『사분율』32권); 대정장 3, p.52(『普曜經』제7권 23); 昔者父王遣五人 俱侍衛我 經歷勤苦有大功夫.

9 『인연 이야기(Nidānakathā)』, 민족사(마음으로 읽는 불전1), pp.128-134;『맛지 마니까야』1권(26경, 聖求經), p.511(전재성); 同2권(36경, 쌋짜까에 대한 큰 경), pp.114-115(전재성); 대정장 1, p.776중(『중아함』204경, 羅摩經).

10 대정장 1, p.776중-하(『중아함』204경, 羅摩經);『맛지마니까야』1권(26경), pp.511-516(전재성); 同2권(36경), pp.115-119(전재성); 대정장 2, p.671중-하(『증 일아함』23권); 同22, p.780중-하(『사분율』31권).

11 대정장 2, p.593중(『증일아함』10권 19. 勸請品);『상윳따니까야』1권(6의 3-13), pp.311-315(전재성);『맛지마니까야』1권(26경), pp.511-516(전재성); 대정장 22, pp.103하-104상(『오분율』15권); 同22, pp.786하-787중(『사분율』32권); 同 3, p.806상(『불본행집경』33권); 同3, pp.603상-605상(『방광대장엄경』10권); 同3, p.528중(『보요경』7권); 同3, pp.642하-643상(『과거현재인과경』3권);『마하박가』 1권, pp.48-53(최봉수).

12 대정장 2, p.618상-중(『증일아함』 14권); 同22, p.786중-하(『사분율』 32권); 同22, p.103(『오분율』 15권); 我所得法甚深微妙難解難見...智者所知非愚[者]所 知; 同 3, p.807중(『불본행집경』 33권).

13 대정장 1, p.777상-중(『중아함』 56권); 同2, p.618상-중(『증일아함』 14권의 24-5); 同22, p.104상(『오분율』 15권); 同22, p.787중(『사분율』 32권); 同3, p.805하(『불본 행집경』 33권).

14 대정장 1, p.777중(『중아함』 56권 204경); 同2, p.618중(『증일아함』 제14권); 同22, p.104상(『사분율』 15권); 同22, p.787중(『오분율』 32권); 同3, p.524상(『보요경』 제7 권의 23); 同3, p.805하(『불본행집경』 33권); 同3, p.605하(『방광대장엄경』 11권).

15 대정장 22, p.104중(『오분율』 15권); 同3, 639상(『과거현재인과경』 제3권).

16 대정장 22, p.787하(『사분율』 32권); 同22, p.104중(5분율 15권).

17 『마하박가』 1권, pp.63-65(최봉수); 대정장 2, p.104상(『잡아함』 15권 379경, 전법 륜경) ; 同2, p.504중(『삼전법륜경』); 同22, p.104하(『오분율』 15권); 同22, p.788중 (『사분율』 32권); 同3권, p.644하(『과거현재인과경』 3권).

18 『마하박가』 1권(2장 1-6과 17-22), pp.72-81(최봉수); 대정장 22, pp.105상-106상 (오분율』 15권); 同22, pp.789 중-790하(『사분율』 32권); 同3권, pp.645상-646상 (『과거현재인과경』 3권); 同3권, pp.817상-820중(『불본행집경』 35-36권).

19 대정장 2, p.593중-하(『증일아함』 10권의 19);『상윳따니까야』 1권, p.312(전재성); 대정장 22, p.103하(『오분율』 15권); 同22, p.786하(『사분율』 32권); 我今欲說法, 餘人不知, 則於我唐疲勞苦耳...爾時世尊作是思惟已 黙然已不說法; 同3, p.805 하(『불본행집경』 33권); 同3, p.603상(『방광대장엄경』 10권); 彼等皆悉不能了知 唐 捐其功無所利益 是故我應黙然 而住; 同3, pp.527하-528중(『보요경』 7권); 同3, p.642하(『과거현재인과경』 3권);『마하박가』 1권, p.48(최봉수).

20 대정장 1, p.777중(『중아함』 56권 204, 羅摩經); 同2, p.618중(『증일아함』 14권, 高幢 品 1의 5); 同22, p.787중(『사분율』 32권).

21 『인연이야기』(Nidānakathā), 민족사(마음으로 읽는 불전1), p.172.

22 宮坂宥勝,『釋尊』, p.131; H.W.Schumann, The Historical Buddha, p.63; 中村原, 『ゴータマ. ブッダ』, p.233.

23 일본학자 宇井伯壽에 의하면, 경전에 나오는 붓다의 정각 내용이 무려 15가 지나 된다고 합니다(印度哲學思想 第三, pp.395-414); 中村元,『ゴータマ.ヴッダ』, pp.192-193.

24 대정장 22, p.104중(『오분율』 제15권); 同22권, p.787하(『사분율』 제32권);『마하박 가』 1권, pp.56-58(최봉수); 대정장 2, p.619상(『증일아함』 14권 24의 5, 高幢品); 同 1권, p.777하(『중아함』 56권 204경; 同3권, p.809상-하(『불본행집경』 33권); 同3권,

p.606중-하(『방광대장엄경』11권); 同3권, p.529상(『보요경』7권); 『맛지마니까야』
1권(26경), pp.526-527(전재성).

25 『마하박가』1권, pp.57-58(최봉수); 『맛지마니까야』1권(26경), pp.526-528(전재
성); 대정장 2, p.619상(『증일아함』14권); 汝等曾聞吾妄語乎; 同3권, p.809하(『불
본행집경』33권); 我昔曾爲人說妄言以不; 同1권, p.777하(『중아함』56권 204경);
汝等本時見我如是諸根淸淨 光明照耀耶.

26 『마하박가』1권, p.59(최봉수); 대정장 1, p.777하(『중아함』56권 204경); 當知有二
邊 諸爲道者 所不當學, 一曰着欲樂...二曰 自煩自惱 捨此二邊有 取中道; 同22
권, p.787하(『사분율』제32권); 同22권, p.104중(『오분율』제15권); 同3권, p.811상
(『불본행집경』33권); 同3권, p.644중(『과거현재인과경』3권).

27 대정장 2, p.62중-하(『잡아함』9권 254경); 同1권, p.612상(『중아함』29권 123경);
『앙굿따라니까야』4권, pp.204-205(대림譯).

28 대정장 2, p.105상-중(『잡아함』15권 389경).

29 대정장 2, p.503중-하(no.109)(『전법륜경』); 同2, p.104상(『잡아함』15권 379경, 轉
法輪經); 同2, p.619중(『증일아함』14권 24의 5. 高幢品); 同2, p.504중(『삼전법륜경』;
同22, pp.104중-105상(『오분율』15권); 同22, p.788중(『사분율』32권); 『마하박가』
1권, p.63(최봉수); 대정장 3, p.811하(『불본행집경』33권); 同3권, p.608상(『방광대
장엄경』11권); 同3, p.644하(『과거현재인과경』4권).

30 잘 알고 있는 내용이겠지만 3전 12행에 대해서 간단하게 정리해 보겠습니다. 3
전이란 示相轉, 勸상전, 證상전이고, 12행이란 4성제를 각각 3轉하는 것입니다.
제1轉에서는 "이것이 고다. 집(원인)이다, 멸(열반)이다, 도(8정도)다."라고 고성
제를 보여주는 것이고(示), 제2轉에서는 "고를 알아야 한다, 집을 끊어야 한다,
멸을 증득해야 한다, 도를 닦아야 한다."라고 권하는 것이고(勸), 제3轉에서는
"나는 고를 알았다, 집을 끊었다, 멸을 증득했다, 도를 닦았다."라고 4성제를 성
취했다는 것입니다(證).

31 대정장 2, p.104상(『잡아함』15권 379경); 同2권, p.619중(『증일아함』14권 24의 5
경); 대정장 22, p.788중(『사분율』32권); 同22권, p.104하(오분율』15권).

32 『라마경』(『중아함』204경)에는 4성제에 대한 설명이 없고, 『보요경』(대정장 3권
pp.605-606)에는 5비구의 정각과 4성제를 관련시키지 않았습니다.

33 『마하박가』1권, pp.63-81(최봉수); 『남전대장경』3권, pp.21-37.

34 『마하박가』1권, pp.64-65; 『남전대장경』3권, p.22.

35 대정장 22, p.788중(『사분율』32권).

36 『마하박가』1권, pp.63-64; 대정장 22, p.104하(『오분율』15권); 同2권, p.503하
(『전법륜경』); 同2권, p.504중(『삼전법륜경』); 同2권, p.104상(『잡아함』15권 379경,

　　　전법륜경); 同3권, p.644하(『과거현재인과경』4권).

37　『마하박가』1권, pp.65-66(최봉수); 『남전대장경』3권, pp.22-23.

38　대정장 22, pp.788하-791상(『사분율』32권); 卽於座上 諸塵垢盡, 得法眼淨, 見
　　法得法成辦諸法...佛言善來比丘於我法中...修梵行 盡苦源; 同22권, p.105상(『오
　　분율』15권); 善來比丘 受具足戒 於我善說法[律] 能盡一切苦 淨修梵行.

39　『마하박가』1권(최봉수), pp.72-73과 78-81; 『남전대장경』3권, pp.26-28, 33-36;
　　대정장 22, pp.789중-791상(『사분율』32권); 同22권, pp.105상-106상(『오분율』15
　　권).

40　『마하박가』1권, pp.115-117(최봉수); 『남전대장경』3권, pp.72-73; 대정장 22,
　　p.110중(『오분율』16권); 同22권, p.798하(『사분율』33권); 대정장 3, p.876상-하
　　(『불본행집경』48권); 同3권, p.533하(『보요경』8권); 同3권, p.652상-중(『과거현재
　　인과경』4권).

41　대정장 2, p.85중(『잡아함』12권 299, 緣起法經); 同2권, p.84중(『잡아함』12권 296,
　　因緣經); 『쌍윳따니까야』2권, p.110(전재성).

42　대정장 1, p.467상(『중아함』7권 30, 象跡喩經); 『맛지마니까야』1, p.567(전재성).

43　대정장 2, p.66상(『잡아함』10권 262, 闡陀經); 同2권, p.92하(『잡아함』13권 335,
　　第一義空經); 대정장 2, p.100상(『잡아함』14권 358, 無明增經); 同1권, p.562하(『중
　　아함』21권 86, 說處經); 同1권, p.723하(『중아함』47권 181, 多界經); 『맛지마니까
　　야』2권, p.117쪽.

44　대정장 22, pp.788하-789상; 卽於座上諸塵垢盡 得法眼淨 見法得法.

45　대정장 2, p.503중-하(『전법륜경』); 대정장 2, pp.103하-104상(『잡아함』15권 379
　　경); 대정장 1, pp.777중-778하(『중아함』56권 라마경); 同2권, pp.618하-619중
　　(『증일아함』14권 고당품); 대정장 2, p.504상-중(『삼전법륜경』1권); 대정장 22,
　　pp.787하-789중(『사분율』32권); 同22, pp.104중-105중(『오분율』15권); 대정장
　　23권, pp.448중-449상(『십송율』60권); 『마하박가』1권(1장-3장), pp.40-86; 同3
　　권, pp.644상-645상(『과거현재인과경』4권); 同3권, pp.605중-616상(『방광대장엄
　　경』10-13권); 同3권, pp.528상-530하(『보요경』7권).

46　대정장 2, p.104상(『잡아함』15권 379경, 전법륜경); 同22, 788중(『사분율』32권);
　　대정장 3, p.530중(『보요경』7권); 同3, p.811하와 p.812하(『불본행집경』34권).

47　대정장 2, p.504중(『삼전법륜경』); 同22, pp.104-105상(오분율 15권); 同3,
　　p.644(『과거현재인과경』4권).

48　대정장 2, p.619중(『증일아함』14권, 高幢品); 逮法得法; 同3, pp.607하-608상(『방
　　광대장엄경』11권; 了達諸法因緣.

234　49　『南傳』제3권, p.22; 增谷文雄, 『阿含經』(1965, 東京), p.41; 中村元, 『ゴータマ·ブ

ッダ』, p.251; 渡辺照宏,『新釋尊傳』, p.227; 宮坂有勝,『釋尊』, p.139.

50 『Pali-English Dictionary』, p.282, London, PTS, 1979.

51 『마하박가』 1, p.81(최봉수); 대정장 2, p.288상(『잡아함』 39권 1096, 繩索經);『쌍 윳따니까야』 1권, p.242(전재성).

52 佐藤密雄,『原始佛教教團の研究』(1972, 東京), p.68, 註14.

53 『마하박가』 1권(최봉수), pp.70, 77, 79, 81;『남전』 3권, pp.26, 32, 35, 36.

54 대정장 2, p.81중(『잡아함』 12권 288, 蘆經);『쌍윳따니까야』 2권, pp.315-316(전 재성).

55 『맛지마니까야』 1권, p.461(전재성); 대정장 2, p.247하(『잡아함』 34권 965, 鬱低迦 經); 마하바스뚜 1, p.246.

56 『앙굿따라니까야』 5권, p.131(대림역); 대정장 1, p.476하(『중아함』 8권 35경, 阿修 羅經).

57 대정장 32, p.698상과 p.708하(『나선비구경』);『Les versions chinoise du Milindapañha』(Demiéville 譯), p.114; 『Les Question de Milinda』(Finot 譯), p.78.

58 대정장 1, p.8상(『장아함』 1경, 大本經); 同2권 p.86중(『잡아함』 303, 玷牟留經);『쌍 윳따니까야』 2권(자양의 품), p.105(전재성).

59 대정장 2, p.85중(『잡아함』 12권, 299경, 역시 296경), p.84중);『쌍윳따니까야』 2권, p.110-111(전재성).

60 『잡아함』 366경(5支); 同283경(6지); 同218경(7지); 同352-4경(8지); 同284경(9 지); 同287-288경(10지); 同367-368경(11지); 同292-3경(12지); 中村元,『ゴタ マ・ブッダ』, p.174.

61 대정장 29, p.48상-중(『阿毘達磨俱舍論』 9권);『구사학』, 雷虛 金東華전집 제5권, pp.251-254.

62 대정장 22, p.167중(오분율』 25권); 同23, p.244중-하(『십송율』 34권);『남전대장 경』 4권, p.243; 同1, pp.460하-461상(『중아함』 6권 28경, 敎化病經); 同2, p.158중 (『잡아함』 22권 592경).

63 대정장 4, p.419하(『현우경』); 同17권, p.729상(패경초(孛經抄).

64 대정장 1, p.461상(『중아함』 6권 28경).

65 대정장 22, p.936중-하(『사분율』 50권, 房舍健度).

66 대정장 1, p.461상(『중아함』 6권); 同23, p.244하(『십송율』 34권); 同24, p.141하(『유 부비나야파승사 8권』).

67 대정장 23, p.244하(『십송율』 34권);『남전대장경』 4권, p.243-244; 대정장 22, p.167중(『오분율』 25권).

68 赤沼智善,『釋尊』, p.306; NHK,『ブッダ(1)』, p.138.

69 대정장 1, p.775하(『중아함』 55권 204경).

70 대정장 4, p.144중(『僧伽羅刹所集經』 하권); 同32, p.773(『八大靈塔名號經』); 同25, p.33(『分別功德論』 2권).

71 대정장 24, p.332상-하(『근본설일체유부비나야잡사』 26권); 同22, pp.948하-949상(『사분율』 51권).

72 『Jātaka』(No.483), E.B.Cowell 譯, 제2권, pp.166-168; E.W.Burlingame, 『Buddhist Legendes(Dhammapada Aṭṭakathā)』 3권, p.135.

73 대정장 2, pp.334하-335상(『잡아함』 46권 1226, 三菩提經);『쌍윳따니까야』 1권 p.168(전재성).

74 대정장 24, p.76상(『근본설일체유부비나야약사』 16권); Cowell 위의 책(No.472), p.116-117.

75 대정장 4, p.176중-하(『義足經』 상권);『우다나』, 민족사(마음으로 읽는 불전2), p.83-86.

76 대정장 2, p.769중(『증일아함』 41권 馬王品).

77 E.W.Burlingame 앞의 책 1권, p.282와 3권, p.199.

78 『달라이라마 자서전』, p.273(심재룡역).

79 대정장 2, pp.703-708(『증일아함』 28권 36경, 聽法品). 특히 p.705하, p.706상, p.707상-중.

80 에띠엔 라모뜨,『인도불교사1』호진譯, p.359(Atthasālinī, p.16; Dhammapada 주석서 3권, pp.222-223; Jātaka 주석서 4권, p.265). 그러나 대정장 2, p.705하(『증일아함』, 28권 36경)에 나오는 이 설화의 원본에는 붓다가 도리천에서 했다는 설법 내용이 아비담마가 아니라 일반 신도들에게 항상 설했던 3론(戒論·施論·生天論)과 4성제로 되어 있습니다.

81 대정장 51, p.859하(『고승법현전』 1권): 1주(肘) 1.5-2尺); 同51, p.893중-하(『대당서역기』 4권).

82 『Kālāma sutta』(『앙굿따라니까야』 제1권, 각묵 譯, pp.459-469);『伽藍經』(『중아함』 3권 16), 대정장 1, pp.438중-439하);『숫따니빠따』 4장 12의 878偈 頌 외.

83 위의 경전(『앙굿따라니까야』), pp.461, 463, 466.

84 본문을 나름대로 요약·정리했습니다. pp.463, 464, 466.

85 『L'enseignement du Bouddha』(1961), pp.21-22;『What the Buddha Taught』 (1978), pp.2-3.

86 『印度佛教固有名詞辭典 』, p.299. 이 사전 사용법에 대해서는 상까샤 여행 때 쓴 편지에서 설명했던 것을 기억하시지요.

87 『大唐西域記』 6권,「대정장」 51권, p.903중.

88 『대반열반경』(『디가니까야』 2권, pp.161-308, 각목 譯);『ブッダ 最後の 旅』(中村元); Last Days of the Buddha(S.Vajirā & F Story);『유행경』(대정장 1권, pp.11-30).

89 대정장 1, p.15상; 佛自念言 我今疾生 擧身痛甚 諸弟子悉皆不在, 若取涅槃則非我宜, 今當精勤自力以留壽命); S.Vajirā & F.Story, Last days of the Buddha, pp.27-28(Let me suppress this illness by strength of will, [resolve to maintain the life process], and live on....Buddha suppressed the illness by strength of will); 中村元,『ブッダ 最後の 旅』, p.61;『디가니까야』 2, p.202(각목).

90 『디가니까야』 2, p.204(『대반열반경』 이하 생략, 2장 25); 中村元, p.62; 대정장 1, p.15중; Vajirā & Story. p.28.

91 긴 내용을 요약했습니다. 『디가니까야』 2권, pp.212-217(3장 7-8); 中村元, pp.69-71; S.Vajirā & F.Story, pp.32-33; 대정장1, p.15중-하.

92 대정장 1, p.15하; 且止且止. 我自知時, 如來今者未取涅槃. 須我諸比丘集.

93 『디가니까야』 2권, p.217(3장 9); 中村元, p.71; S.Vajirā & F.Story. p.33; 대정장 1, p15하(『장아함』 2권, 遊行經).

94 대정장 1, p.15하. 빨리어본『열반경』에 이 내용은 없습니다.

95 Vajirā와 Story(p.33), "(Buddha) renounced his will to live on."『디가니까야』에서는, "壽命의 상카라를 포기"라고 번역(p.217), 中村元은 '수명의 상카라(āyu-samkhāra)'를 '생명의 근원, 생명을 유지하는 근본원인(素因; 潛勢力), 즉 과거에 지은 업의 餘力'이라고 설명하면서, '(붓다는) 수명의 근본원인을 버렸다'라고 번역했습니다. ブシダ 最後の旅, p.72, p.229와 240 譯註. 그러나 업의 원리에 의하면 '업의 여력'은 설사 붓다라 해도 버리고자 해서 버려지는 것이 아니라, 오직 그 결과(果報)가 초래된 뒤에라야 소멸되는 것 아닙니까. 내가 받아들일 수 있는 내용은 Vajirā와 Story의 번역입니다.

96 『디가니까야』 2권, p.237-38(3장 48); 中村元, p.94; S.Vajirā & F.Story. p.42.

97 대정장 1, p.17중.

98 『디가니까야』 2권, pp.238-240(3장 49-4장 1); 中村元, pp.95-99; S.Vajirā & F.Story. p.42-45.

99 『디가니까야』 2, pp.208-240까지 33페이지 가운데서 약 10페이지의 註를 제외한 분량입니다.

100 『디가니까야』 2권, p.212(3장 7); 대정장 1, p.15중-하.

101 Vajirā and Story, 『Last days of the Buddha(Mahāparinibbāna Sutta)』, p.49;『디가니까야』 2권, p.249; 中村元,『ブッダ 最後の 旅』, pp.109-110.

102 『장아함』 2권(2 遊行經), 대정장 1, p.18중.『열반경』 이본(異本)들에는 음식 이름을 구체적으로 말하지 않습니다. 즉『반니원경』(同, p.183중)에서는 濃美,『대

반열반경』(同, p.197상)에서는 多美飮食이라고 되어 있습니다.

103 『English-Pali, Dictionary』, by Aggamahāpandita, p.391과 p.491, PTS, Colombo; 『Last days of the Buddha』, p.95(S.Vajirā & F.Story); 『디가니까야』 2권, p.249(각 목).

104 대정장 22, p.606중(『사분율』 6권과 8권); 至食時自往靈鷲山上 與諸上座比丘食 豬肉; 同 p.618하.

105 대정장 22, p.660중, p.656중, p.866하(『사분율』 13-4권과 42권; 食種種魚及肉.

106 대정장 1, p.18중(『장아함』 2권 2경, 遊行經).

107 대정장 1, p.18하-19상(『장아함』 2권 2경, 遊行經). 『대반열반경』(『디가니까야』 2, pp.251, 259)에서는 "등이 몹시 아프다(吾背痛苦)."라는 말 대신, "피곤하다."로 되어 있습니다.

108 『디가니까야』 2, p.262(각묵). 『유행경』에서는(대정장 1, p.21상) 붓다가 자신이 누울 자리를 "머리를 북쪽으로 얼굴을 서쪽으로 향하게 하라."고 했습니다. 그 이유는 '자신의 법이 장차 북방에서 오래 머물 것이기 때문이라는 것(吾法流布 當久住北方)'이었다. 이것은 불교가 인도의 서북지방으로 확장된 뒷날 삽입된 것이 틀림없습니다.

109 『디가니까야』 2, p.275(각묵)에서는(5장 17), "그들은 여래의 尊體를 잘 수습할 것입니다."라고 되어 있습니다.

110 『디가니까야』 2, p.275(5장 17-18); 대정장 1, pp.21중-24중, pp.185중-186하; 同1 권, pp.200하-203상.

111 『디가니까야』 2권, pp.268-269(5장 10). 본문은 "세존이시여, 저희들은 어떻게 여래의 尊體에 대처해야 합니까.", " 아난다야, 그대들은 여래의 몸을 수습하는 것에는 관심을 두지 마라."입니다. Vajirā and Story, p.63; 中村元, pp.131-132; 대 정장1, p.20상.

112 『디가니까야』 2권, pp.271-275(5장 13-16); Vajirā and Story, pp.65-67; 中村 元, pp.136-140; 대정장 1, p.25중-하.

113 대정장 1, pp.18하-19상과 20상.

114 『디가니까야』 2권, pp.276-278(5장 19-22); Vajirā and Story, pp.68-69; 中村元, pp.143-145; 대정장 1, p.24중-하.

115 『디가니까야』 2권, pp.278-283(5장 23-30); Vajirā and Story, pp.69-73; 中村元, pp.146-153; 대정장 1, p.25상-중; 同 pp.203중-204중.

116 『디가니까야』 2권, pp.203-204(2장 25); Vajirā and Story, p.28; 中村元, p.62; 대 정장 1, p.15상-중.

117 『디가니까야』 2권, p.283(6장 1); Vajirā and Story, p.75; 中村元, p.155.

118 『디가니까야』 2권, p.205(2장 26); Vajirā and Story, p.29; 中村元, p.63; 대정장 1, p.15중.

119 번역본에 따라 약간씩 다릅니다. 中村元, p.157; 仲間が仲間に[たずねるように] たずねなさい;『디가니까야』 2권(각묵), p.287(6장5); Vajirā and Story, pp.75-76; 대정장 1, p.26중: 汝等若自慙愧不敢問 當因知識速來諮問.

120 『디가니까야』 2권, pp.287-288(6장 6-7); Vajirā and Story, p.76; 中村元, pp.157-158; 대정장 1, p.26중.

성지에서 쓴 편지

2015년 2월 5일 초판 1쇄 발행
2024년 2월 23일 초판 7쇄 발행

지은이 호진·지안 • 그린이 봉현
펴낸이 박상근(至弘) • 편집인 류지호 • 상무이사 김상기 • 편집이사 양동민
편집 김재호, 양민호, 김소영, 최호승, 하다해 • 디자인 쿠담디자인 • 제작 김명환
마케팅 김대현, 이선호 • 관리 윤정안
콘텐츠국 유권준, 정승채, 김희준
펴낸 곳 불광출판사 (03169) 서울시 종로구 사직로10길 17 인왕빌딩 301호
       대표전화 02) 420-3200 편집부 02) 420-3300 팩시밀리 02) 420-3400
       출판등록 제300-2009-130호(1979. 10. 10.)

ISBN 978-89-7479-092-9 03220

값 17,000원